U1001370

教育，你怎么了？

Jiaoyu Ni Zenme le

严育洪 / 著

首都师范大学出版社
CAPITAL NORMAL UNIVERSITY PRESS

图书在版编目（CIP）数据

教育，你怎么了？／严育洪著．—北京：首都师范大学出版社，2015.10

ISBN 978-7-5656-2463-6

Ⅰ．①教… Ⅱ．①严… Ⅲ．①教育－研究－中国 Ⅳ．①G52

中国版本图书馆 CIP 数据核字（2015）第 181640 号

教育，你怎么了？

严育洪 著

责任编辑	顾银政
封面设计	纸上工坊
出　　版	首都师范大学出版社
地　　址	北京市海淀区西三环北路 105 号（100048）
电　　话	总 编 室：010-68418523
	团　　购：010-58802818
	新华书店：010-68418521
网　　址	www.cnupn.com.cn
邮　　箱	zunshiyuan@hotmail.com
印　　刷	北京中科印刷有限公司
版　　次	2015 年 10 月第 1 版
印　　次	2015 年 10 月第 1 次印刷
开　　本	700mm × 1000mm　1/16
印　　张	10.75
字　　数	132 千
定　　价	22.50 元

版权所有　违者必究

如有质量问题　请与出版社联系退换

前言 Preface

教育，你怎么了？

——从“1.8 万孩子在家上学”的现象写起

前段时间，看到《钱江晚报》上的一则报道：杭州一位 10 岁小女孩，只当了一年半的小学生，以后一直宅在家上学，自学多种外语，芭蕾舞四级，钢琴八级，小学看初三化学书。

接着在《北京晨报》上看到一则题为《中国大陆 1.8 万学生在家上学，过半家庭不认同学校教育理念》的报道：如今，在中国大陆约有 1.8 万学生“叛逃”学校，选择“在家上学”。

按理，学校是孩子追求知识的殿堂，是孩子寻求快乐的天堂，是每个孩子做梦都想去的地方。如今，却出现了孩子不愿去学校上学、家长不让去学校上学的怪事。我们暂且不管“在家上学”是否合理、是否可行、是否有效，但至少可以让我们产生这样的质问：教育，你怎么了？

有人说，如今的学校越来越像一座“围城”，捆住了学生的手脚，困住了学生的身心，这样的学习环境，难怪进去的人都想逃出来，逃离“围城”。

21 世纪教育研究院发布的调研报告显示，家长选择孩子在家上学的前五位原因依次是：“不认同学校的教育理念”（54.19%）、“学校教学进度过慢”（9.50%）、“孩子在学校没有得到充分尊重”（7.26%）、“孩子厌倦学校生活”（6.07%），以及“宗教信仰的原因”（5.59%）。可以看出，其中有四项都与学校有着密切关系。

2011 年，《中国青年报》对在家上学也曾做过一个调查，报告指出：“之所以这样做，是为了追寻梦想的生活；为了远离都市，回归自然，有诗意的栖居；为了让孩子逃离永无止境的作业、愚蠢的考试和绝望的体制。”

另外，“教而不育”是如今学校教育最大的失败。“在家上学”可以更加关注孩子的个性、天赋和兴趣点，从而因人而异，不搞一刀切。如此以育人第一、传授知识第二，培养的显然不再是传统的“教育产品”。英国的夏山学校，就是一所私塾学校，作为因材施教的典范，被誉为“最富人性化的快乐学校”，其创办者英国教育家尼尔认为：“要让学校适应学生，而不是让学生适应学校。”或许，“在家上学”与“在校上学”的最大区别，就在于前者的教育目的更多地在于育人，而后者的教育目的更多地在于教书。

教书更多地是为了“应试”，而育人更多地是为了“应世”。要“应好试”，只需要关门办学，而要“应好世”，则必须开门办学。围墙内的学校教育只能让教师死教书、教死书。死气沉沉的教育，首先，学生学得不快乐。在调查中许多家长诉苦：“校园学习太苦，学到的知识不一定有用。”其次，学生学得没营养，难以培养学生“独立之精神，自由之思想”，没有怀疑精神的学生走上社会，也不能有创新精神。

在一定程度上，如今的学校教育已经远离和偏离了教育的真谛。那么，真正的教育是什么？

首先，教育不是升学，是成长，是幸福

教育是现代人生活的一部分，教育不是升学，教育是人性成长的追求，教育从根本上说是培养人们感受幸福、追求幸福、创造幸福的能力。教育之于幸福不是外借于它，而是教育本身的应有之意。教育通过知识技能的掌握、智慧的增长、德行的完善，使人在活动中达到自由的境界，从而获得愉悦的幸福感受，这是教育本体价值的体现。人的需要是丰富的，满足人的需要的教育内容也应该是丰富多彩的，教育的各个方面不但能适应未来的社会生活，而且能满足人自身的需要，具有个人享用价值。

应该看到，德、智、体、美、劳是至今最完美的教育组成部分。以升学、分数为目的的教育不仅其教育活动本身不可能幸福，而且其目的也是使学生日渐远离幸福。

其次，教育不是训练，是生活，是创新

在长期的计划经济体制影响下，我国的教育也十分强调统一：统一的目标、统一的内容、统一的进度、统一的学期。我国的教育常常以“标准化”的方法把学生培养成同一模式的制成品，学生没有自主选择的余地。正如钟启泉教授指出的：没有选择的教育，不讲个性的教育，充其量不过是一种训练，而不是真正的教育。

教育不只是使人成为社会需要的好公民，得以适应社会而生存，而且更深刻地体现在它展示了现代社会个人自我完善、自我发展的需要，教育如同吃饭、睡觉，是生活的一种形式，而且是一种高级的精神生活。现实的社会生活是教育内容的重要源头。教育是现实社会生活的一个有机组成部分，它不可能独立于现实生活之外。封闭、保守、划一的学科中心主义，与沸腾的社会生活脱节，

与知识更新的速度脱节，抑制学生个性的发展。学生的创新能力是训练不出来的，它是教育引发的结果。创新的火花只有在一个畅所欲言、宽松自由的环境中通过相互的碰撞，才能迸发出来。

再次，教育不是管束，是唤醒，是发现

管束，指管理和约束。“没有规矩，不成方圆”，这是强调它的积极意义。另一方面，管束的消极影响也是非常明显的。英国教育家洛克指出：“假如管教到了极度严酷的地步，也可以治好目前任性的毛病，但是接下来的常是更恶劣、更危险的心情颓丧的毛病，那时你便算是丧失了一个放荡不羁的青年，换来了一个心情沮丧的家伙……实则这种儿童终生终世对于自己和别人都是没有用处的。”

教育是一种唤醒，它要唤醒学生的积极性、上进心；它是一种关爱，一种期待；它是一种发现，它要发现学生心灵的火花，使星星之火发展为燎原大火。要让学生在和谐开放的学校环境中，不断学会做人、学会学习、学会生存、学会创造、学会关心、学会合作，不断弘扬人的主体性，在品味成功的愉悦中，不断发挥潜能，努力开拓创新。

本书编写的目的正是在此语境下思考“教育，你怎么了？”这一现实问题（其实也是历史问题），针对上述调查结果进行了更为详细的论述，以期能够引起教师的警惕，从而能够认清教育的现实、更新教育的理念、改变教育的行为，努力防止伪教育，甚至反教育现象的发生。例如针对“不认同学校的教育理念”这一项原因写了以下分析文章：《教师向学生下跪，教育的无能？》《“蹦跳”，为啥学生欢喜教师忧？》《教师犯错，会被学生笑话？》《教师之责，让学生“好好”学习？》等。针对“学校教学进度过慢”这一项原因写了《学习的中心，一切绕着书本转？》等。针对“孩子在学校没

有得到充分尊重”这一项原因写了以下分析文章:《教师，为啥要对学生说谎？》《“言传”与“身教”，教师都做好了？》《公开课，究竟为谁而教？》等。针对“孩子厌倦学校生活”这一项原因写了以下分析文章:《全课总结，食之无味的“鸡肋”？》《家庭作业，“有”与“没有”间的博弈？》《常态课，该是怎样一种课？》等。这些分析文章或许不全面，也或许不深刻，但它起着一种警报和警告的作用，希望能够引起教师的警觉和警醒。在此意义上，本书似乎是一本“警‘师’通言”。

如果我们进一步研究，学生纷纷“叛逃”，家长纷纷选择让孩子“在家上学”，不仅表达了人们对现行教育的不满，让我们思考“教育，你怎么了？”的问题，更是在倒逼现行教育进行改革，让我们思考“教育，该怎么办？”的问题，这也正是本书想说的内容，以期能给读者一些启发。

然而，限于本书篇幅，还有许多有关“教育，你怎么了？”的问题没写到，又限于本人水平，存在着许多问题，这需要读者在阅读和实践过程中不断补充，使书中存在的不尽如人意之处不断完善和修正。为了能够获知你的想法，麻烦你把你的意见和建议发我的电子邮箱 13861472533@139.com，谢谢!

严育洪

2013 年暑期写于无锡

目录 Content

01. 教师向学生下跪，教育的无能？ / 01

醒“师”恒言： 教育不是无所不能的，但也不应该无能。教育一旦无能，势必会出现粗暴、粗笨、粗糙、粗俗、粗劣的教育局面。

02. 学生不懂礼数，到底该怪谁？ / 09

醒“师”恒言： 懂礼数必定懂道理，知感恩必定知图报。懂礼数、知感恩才会有情有义，缺少礼数和感恩的教育是缺“钙”的教育。

03. “蹦跳”，为啥学生欢喜教师忧？ / 19

醒“师”恒言： 蹦跳是孩子的天性，允许孩子蹦跳是学校的天职，这样的学校才会成为孩子学习的天堂。

04. 学生的心，教师读懂了几分？ / 26

醒“师”恒言： 望闻问切，“望”为首。教师只有学会察言观色，才能更好地明察秋毫、明辨是非，明白学生的真实思想。

05. 教师，为啥要对学生说谎？ / 42

醒“师”恒言： 教师说谎比学生说谎更可怕，因为听你话的是一群人；教师职业比医生职业更危险，因为听你课的是一批人。

06. 教师犯错，会被学生笑话？ / 51

醒“师”恒言：教师不必为无意犯错过分自责，因为学生不会盯着你不放。相反，有时教师要学会“犯错”，让学生盯着你不放。

07. “言传”与“身教”，教师都做好了？ / 64

醒“师”恒言：身教重于言传，身教先于言传，身教优于言传。教师形象就是一种最形象的教育。

08. 教师的辛苦，为何更多的是心苦？ / 72

醒“师”恒言：教师的心苦不在学生对自己，而在自己对学生。把学生放在了心上，学生才会理解教师的苦心，教师才会教得不苦。

09. 教师之责，让学生“好好”学习？ / 80

醒“师”恒言：让学生“好好”学习的教师未必就是好教师。给学生的学习制造一些波折和挫折，这样“狠心”的教师反而能让学生学得更好。

10. 学习的中心，一切绕着书本转？ / 92

醒“师”恒言：知识教学最忌讳纸上谈兵。在生活中联知识、在生活中炼知识、在生活中练知识，这样才能把书本上的死知识教活。

11. “你真棒”，激励学生的“万金油”？ / 109

醒“师”恒言：表扬与夸奖，数量上不能接连求“再”，程度上不能贪恋求“最”，否则会过犹不及，产生副作用甚至反作用。

12. 全课总结，食之无味的“鸡肋”？ / 122

醒“师”恒言：全课总结，并非非有不可，也并非总在全课后才总结，也不是汇报时间短的昙花一现和板书暗示强的虚晃一枪。

13. 家庭作业，“有”与“没有”间的博弈？ / 129

醒“师”恒言：家庭作业，可以有。但如果只是课内学业的“搬家”和课堂作业的“翻版”，还不如没有。

14. 公开课，究竟为谁而教？ / 142

醒“师”恒言：公开课，公开的不是教师的风采，而是学生的风采。公开应该研究“有这样的学生，要怎样的教师？”这一问题。

15. 常态课，该是怎样一种课？ / 152

醒“师”恒言：公开课不是，也不应该是常态课的高级形式。把公开课“洗一洗”，把常态课“炼一炼”，就能让它们扬长避短成为“一种课”。

01. 教师向学生下跪，教育的无能？

近日，网络上流传重庆主城一家公司培训员工时的另类照片：七八个员工一字排开，下跪请求客户举起双手；有个女员工甚至原地做起俯卧撑来换取客户的认可。不少“客户”甚至被感动得落泪。

这种畸形的企业文化，很多公司都有。有的公司还美其名曰打造企业精神，提升企业文化竞争力。但这种有着传销痕迹的培训方式，其实是一种奴性培训。在教育中，学校文化很多来自企业文化，那么这种“用下跪来感动客户”的畸形企业文化有没有侵袭到学校文化中呢？

据《潇湘晨报》报道，2013 年 5 月 2 日，湖南怀化芷江杨公庙学校，在课间操时间，校长杨文军站到国旗下，面向操场上的 700 余名学生，突然“扑通”一声跪下。在一番“慷慨激昂”的训话后，学生们看见校长的眼角有泪水滑落。顿时，在场的师生都惊呆了。一些正在聊天的学生安静了下来，一些学生偷偷地笑了。

校长为什么突然给全校 700 多名学生下跪？有人猜测，可能与前段时间进行的怀化初三学生仿真考试有关。那次考试，杨公庙的学生考得不理想，再加上有些学生不听话、无心学习，惹得校长生气。但杨校长事后称，下跪并不是因为学生的考试成绩差，而是在尝试一种新颖的教育方式，这种教育方式要有别于传统的教育方式，要最大限度地激发学生的感恩之心和学习激情。

校长给学生下跪，这样的事情并非个案。2007年6月，海口市琼山区旧州镇中学校长周常德就曾在全校师生面前双膝跪地，双手合拢，大声呼喊："求求你们，不要再玩闹了，好好学习！"据媒体当时的报道说，这是周校长执教生涯里的第6次下跪。

爱因斯坦曾经在名篇《培育独立思考的教育》中谆谆告诫："用专业知识教育人是不够的，通过专业教育，他可以成为一个有用的机器，但是不能成为一个和谐发展的人……他——连同他的专业知识——就像一只受过很好训练的狗，而不像一个和谐发展的人。"这话是对受教育者说的，更是对教育工作者说的。诚然，即便学识再渊博，即便学业再优秀，如果不是一个和谐发展的人，充其量只是"技术狗"而已。言者谆谆，听者藐藐，揆诸周遭，我们的一些学校正在决绝地走入培养"技术狗"的误区，校长下跪现象正是如此。

目前看来，校长没白跪，学生们确实被校长的行为震动了。自己若是再不好好学习，真的对不起校长的一片苦心。但从教育的本意以及校长的角色来看，教师的下跪"劝学"存在着诸多悬念：

一是教师的"下跪"让教育的关系打上了悬念

教师是长辈，古时候应该是学生向老师下跪请安。时代进步后，虽然不再需要下跪请安，但在传统教育中，教师依然居高临下，学生俯首听命。现如今，提倡师生平等，想象中的景象应该是师生促膝交谈、携手共进。然而，教师向学生下跪，让师生关系发生了逆转，由过往的"唯我独尊"一下子变成了"为师不尊"，面对地位突然之间的翻转，让学生感到不知所措，有的只是惊讶，惊讶过后是负疚，甚至怀疑这是否是教师的一番苦肉计。

我想说，"唯师独尊"固然并不合理，但是"为师不尊"恐怕也绝不恰当。不难设想的是，校长“下跪劝学”的惊人一举，究竟能多大程度上感化学生尚未可知，但此举对于平等师生关系的解构与误导，恐怕是有过之而无不及。假如学生好好读书，竟然要校长下跪流泪来劝，即便真的收获了奇效，也绝不足取，更不值得效仿。从这个意义上说，与其说校长“下跪劝学”是对“唯师独尊”教育模式的颠覆与创新实践，毋宁说是教育陷入“黔驴困境”的胡乱蹬腿。

一言以蔽之，无论是“学生低头”还是“教师下跪”，都不过是畸形师生关系、错位教育理念在现实中的投影罢了。教育究竟需要建立怎样的师生关系，教育者又该如何去传递教育理念，真要有意尝试，也绝不该是“下跪”这么简单。

现在的孩子大多数都是独生子女，处处以自我为中心，校长下跪有可能会加重他们这种思想，尤其是对于一些世界观和人生观还没有形成的学生来说，能否起到积极作用值得怀疑。而且，学生心中必须要有尊师重教的意识，如果有学生因此存有“校长还给我下跪过”的思想那就很危险了。

二是教师的“下跪”让教育的效果打上了悬念

教师以下跪这样一种苦情方式，规劝甚至哀求学生学习，在短时间内，肯定会对学生有所触动。但如若不通过教育引导，让学生真正明白学习是为了谁、是谁的事，这样的触动也只能是一时的，最终教师或校长上演的也不过是“苦肉计”。

“这分明是对现代教育水平的矮化。”海南省海口市某中学的校长接受《教育》旬刊记者采访时这样说道。有位网友持有同样的观点：“作为一名师者，不但要教给学生知识和做人的道理，更要帮学生树立‘自信、自立、自强’的人格和精神。校长向学生下跪的举动看似饱含了对教育事业的一片热忱，实质上却反映出他无法通过科学的教育方式引导、启发学生的窘迫和无奈。”

校长下跪最大的问题是缺乏教育的针对性，因为解决学生问题的前提不但要找到问题，还要找到问题形成的原因，这样才能真正地解决问题。下跪不能算是解决问题的方法。如果学生存在的是思想问题，师者完全可以通过介绍榜样等方法对其进行引导；如果学生存在的是心理问题，我们可以让心理辅导老师来帮忙解决；如果学生是因为学习上的难度问题而产生厌学情绪，就需要老师加强对他们的学习辅导。而校长下跪，究竟是要解决什么问题，又能解决什么问题呢？

不少过来人都记得，自己被爸爸痛打一顿之后、被妈妈流泪谈心之后、被老师深刻批评之后，行动上多多少少会有所改变，但是时间不会太长，另一顿痛打、谈心和深刻批评没准又会到来。校长的下跪，究竟和爸爸的痛打、妈妈的流泪谈心、老师的深刻批评之间有多大本质上的差别，可能只是形式的不同，一时夺人眼球而已。学生学习的动力，一定是来自学生的内心。只有学生自己真正爱上了读书学习，才能去用心读书学习。除此之外，任何强迫和央求，恐怕都起不到根本作用。

三是教师的“下跪”让教育的诚信打上了悬念

不少孩子在家长尝试各种教育方式后仍顽劣难改，母亲无奈下的一顿痛哭或许就能让他成长。但显然这位校长将类似方式移植于学校教育却并不成功，这主要是因为他并非真正地发乎情，并非是在各种教育方式均无效后，在某件特别事情触发下的情感全面爆发，而仅仅是在“尝试一种新颖的教育方式”，如此理性又如何能真正触动学生，这也就难免不让现场“一些学生偷偷地笑了”。这甚至让人想起前一阵武汉爆出的城管给小贩下跪事件，其中有多少真诚实在让人怀疑。

即便我们为了孩子的未来，可以苦情地屈尊下跪，但这种行为或许在不少孩子的眼中像场戏，不一定会得到正面接受和认可。毕竟，教育的目的绝不仅仅是提高学习成绩，它更需要的是培养学生健全的人格。

或许校长的下跪让孩子们变得“听话多了”，然而，校长恐怕需要反思的是，难道就没有比下跪更好的教育方式？难道每一次学生学习不佳都需要下跪？把下跪当成一种教育手段，这不仅不严肃，而且以这样的极端方式迫使孩子们产生负疚感，与教育的快乐属性相距甚远。所以，这位下跪劝学的校长，也许是一个好人，但算不上是一个好校长，因为自己的行为不仅会影响学生，还会影响学校中的教师，难道想提倡让教师都给学生下跪？！

教育者为了感化学生而下跪，这种看似极端的行为背后，折射的是当下教育的虚弱与无力。特别是面对新课程教育理念，许多教师一时无法适应新课程教育要求，于是只能病急乱投医、病急乱抓药。

例如以前遇到孩子不争气，老师“动手”教训两下，这种小小的体罚，许多家长也能理解。有一位孩子的奶奶说：“孙子没有完成作业被老师打耳光了，这我还能理解。但老师让全班 50 名学生都来打娃耳光，这我接受不了……”，从话语中可以听出，如果仅仅是教师打了，家长是可以接受的，如果不是恶劣到“群体暴力”的程度，家长恐怕还要感谢老师认真负责呢。

而现在，教育部门三令五申严格禁止体罚，学生以及家长的“人权意识”日趋高涨之后，许多教师就觉得走投无路，结果就出现了一些让人意想不到的荒唐行为。

2010年11月，湖南娄底市教师谭胜军向学生下跪，引发无数关注。这位老师上课时发现两位同学在下五子棋，于是上前制止，却被抢走教鞭，并被推倒在地。惹事学生还说，老师应该列入服务行业，学生就是上帝，是来享受服务的。事后，班主任通知了家长，并让动手的同学在教室当众道歉，在毫无诚意的道歉后，班主任又叫谭老师说几句，于是有了惊人的一幕——谭老师突然下跪。

有一位女教师因为学生淘气，但又不能体罚学生，在忍无可忍之下，她采用的教育策略竟然是体罚自己——当着那位学生的面，右手拿教鞭狠抽自己的左手臂，边抽边问那个淘气鬼“你以后还违反纪律吗？！”，直到那位学生吓傻后回过神来，连连求饶保证以后再也不敢之后，才停止抽打自己。这里，教师虽然没有体罚学生，却是在心罚学生，有时心罚比体罚更厉害。教师的虐己行为，暴露了教师的无能和无奈。

我在少年时代，也是一个成绩虽好但很调皮的学生，喜欢随性而为，在一些不喜欢的课特别是副科课堂上就会做自己的事情。然而，关键的是我还身居要职——担任着副班长，有着极大的影响力。在初二时，有一次，我的地理老师偷偷地约我谈话，恳求我给他一些面子，在上他的地理课时别看课外书。当时，教师的低声下气，让我感到他很可怜，于是在上他的课时只能忍受他照本宣科的无聊。

教师的思想迂腐和能力低下常常造成了教师的无能，只是采用千篇一律的教育方法，以不变应万变。这样简单化的做法，要么在态度上表现得极为霸道，例如下面的“不准”做法；要么态度上表现得极为软弱，例如前面的校长下跪。

据《南京晨报》报道，一位网友将其近日开家长会的经历发到网上，孩子在南京某名校上初一，老师在家长会上“颁布”了许多个性规定，诸如学生周末不准看湖南卫视，生日不可请同学一起过，不许使用手机、MP3、MP4 等，要求家长督促孩子严格执行。

现在的教育在面对瞬息万变的时代时，表现得越来越无力，学校的教育抵不过外界的诱惑。在无可奈何之下，教师深感能力危机，拼上一跪也在所不惜，以博取学生的回心转意。当然，更多的教师是不愿意一跪的，而依然会选择强硬，用“不准”来强制学生的行为。

除了这种“禁止”，还有一种“惩罚”同样属于教育的无能。最常见的是对学生的体罚以及变相体罚，例如犯思想错误后的罚站、犯知识错误后的罚抄，甚至还出现了用罚款来管理学生的做法。

据山东电视台《民生直通车》报道，记者接到很多学生家长打来的电话，说在济宁有些学校采取罚款的方式来管理学生，学生犯点错老师就罚钱。记者从一位学生那里拿到一张名为二十八班班规的照片，上面第一条规定迟到者每迟到一次罚 5 元，旷一节课罚 10 元；第八条为吸烟喝酒者一经发现罚 50 元；请假 2 元。不仅如此，学生宿舍的管理也由罚款来一一量化。

其实，教师都知道，罚钱其实不是罚学生，而是罚家长。罚了钱，孩子自然要挨家长的打骂训斥，这是借家长的手打孩子，这属于更隐蔽的变相体罚。另外，罚款，使孩子幼小的心灵蒙上了“金钱万能”的阴影，感受到钱的威力无边，崇拜金钱，甚至会不择手段去弄钱。再则，罚款往往要有人监督，所以班干部往往就专门盯住谁犯错、谁有过，而不去认真听讲，不去关注学习本身。而那些调皮的学生，则成了众目睽睽的靶子。

与此“罚款”相类似的，还有江西省吉水县尚贤中心小学要求学生上交的“不听话押金”，如果小孩在校违纪，押金将会被逐一扣罚，直至全部扣完为止。

这些奇形怪状的教育手段，是在明令禁止使用体罚手段惩戒学生后，教师不得已的“发明”，但本质上是教师缺乏耐心和缺乏能力的表现，结果把社会管理中的“罚款经济”简单地移植到教育之中。

我们都知道，欧美国家一向是“尊重学生”“以学生为中心”等教育观的宣扬者和实践者。但就在最近，英国公布了新的教育改革措施，其中特别提出“要加强学校的课堂纪律，教师将获准使用‘合理力量’来阻止打架行为和搜查学生，赋予校长开除学生的最终决定权，并打消他们对遭受打击报复的疑虑”。而在 2009 年发布的英国基础教育改革白皮书中，不仅规定了学生的权利、父母的权利，同时也为教师在学校处理学生行为问题提供了更大的法律保障。

教育管理上的消极无能，无疑是教育最大的硬伤。可以说，教师无能的例子在教育中比比皆是，例如在对待学生态度上，动不动发火、动不动请家长的教师是无能的教师，只会命令的教师是无能的教师，把学生分成三六九等的教师是无能的教师；又如在知识教学上，搞死记硬背、搞题海战术的教师是无能的教师，只会补课的教师是无能的教师，埋怨学生不配合的教师是无能的教师。

江苏省特级教师吴非先生在其著作《不跪着教书》中曾发问：“一个跪着教书的教师，能培养出站着的学生吗？”这是对教育和教师最振聋发聩的警示。

这里，
我们可以得到这样一条
“醒‘师’恒言”：

教育不是无所不能的，但也不应该无能。教育一旦无能，势必会出现粗暴、粗笨、粗糙、粗俗、粗劣的教育局面。

02. 学生不懂礼数，到底该怪谁？

一位教师布置了以“感恩”为题的作文，没想到，题目一出，很多学生竟然在网上搜索或悬赏感恩作文。身受百般宠爱，但要感恩时，孩子却无话可说，这个现象不禁让家长、老师都感觉心里很不是滋味。曾经在《广州日报》上看到一篇题为《起码的礼数》的文章——

我有一个学生，找到了一份很好的工作，但前提是得如期毕业。对于一个已挂科、补考未及格、只能等毕业一年后再返校补考的学生而言，那自然是一道越不过去的门槛。这个男生在学校的电视台工作过，他三番五次找到我，求我为他争取一次补考的机会。看着学子的目光，我总是心太软，于是找领导特批，理由是这个学生在电视台工作过，表现不错。

机会就这么争取到了。他补考及格，顺利拿到毕业证。可是，我再没有看见过他，没有接到他报喜的电话，甚至不知他工作面试过关了没有，他就这么无声无息地从我身边“消失”。按捺不住，我主动给他打电话，他才告诉我：“过了，老师。”

歌曲《感恩的心》中有一句歌词“感恩的心，感谢有你”。感恩的基础是感谢，感谢是起码的礼数。上述故事中，身为他的老师，估计也只不过想听他说一声：“老师，我考试过关了，谢谢您的帮助，我一定好好工作，为母校争光，也为您争光。”最后面这一句，可以不说，再往前一句，也可以不说，再往前一句，还可以不说，再往前一句，同样可以不说，但至少说一句：“老师，我考试过关了！”

如果对曾经帮助过自己的人不心存感激，那么尊敬长者该是起码的礼数吧？然而，面对别人的帮助，甚至是父母的帮助、老师的帮助，我们的许多孩子都接受得心安理得，没有丝毫的感动，也就没有丝毫的感谢，更没有丝毫的感恩，他们认为父母和师长为他们的付出天经地义。

在家庭中，许多孩子认为，父母生育了他，就有义务养育他

“你常对父母说感激的话吗？”一位记者对上海市部分中学生进行随机调查，结果显示，四成学生从来没说过这样的话，“因为他们是我的父母，我是他们的心肝宝贝，他们自然应该对我好”。“为什么会把人的生日叫作‘父忧母难日’？”武昌区青教办收回的“感恩之心”问卷调查中，多数学生不知父母生日，而针对上述问题，数十位学生回答，生日那天父母要买礼物，因为要花钱，所以父母很心痛。他们不知道，这样的回答只能让父母听了更心痛。

一位母亲给一个节目的主持人打去求救电话：“我女儿上初中了，最近越来越不像话，奶奶七十多岁了，每天做饭、洗衣，可她居然还嫌弃奶奶做的菜很难吃，常常跟奶奶赌气、顶嘴。这么大的女孩子，从来不会为父母想一想，如今的孩子怎么会这样，一点都不懂事？”不少家长在论坛上一致为孩子不懂得感恩而发愁——“孩子不是很懂礼貌，说话不客气，不懂得以感恩的心对待周围的人”；“要大人帮忙做事就直接喊，连句谢谢也不说”；“我也有同感，

小孩说话一点也不客气。真不知怎么演变成这样？我们有什么方法纠正他们呢？多教育和训导有用吗？”……由此可见，在家庭教育中，敬老成了父母的一种奢望。

在学校中，许多学生认为，教师教育了他，就有义务培育他

曾经有一位学生对自己的老师说：“我是交了学费的，你就应该为我尽心尽力。”现在的人太注重金钱，商品社会的负面影响已经触及学生的思想，把一切都看成交易。一个人对别人施恩总被认为另有所图，或者被认为是理所当然：老师被认为是为了饭碗而教学生，所以不必对其感恩。

同时，许多学习成绩好的学生认为是自己让老师有了面子、有了奖金，应该是老师感谢自己。特别是一些聪明的学生，会以为自己学习好是因为自己的聪明，而非老师的教育。我们常常有这样的体会，一些好学生走出校门之后，感谢教师的培育之恩何其少。甚至有一位好学生曾经对自己的老师说：“我成绩好，不是你教好的。”学生之所以有这样的心态，很大程度上是由家庭和学校一味看重成绩，而给了孩子这样的错觉。一位班主任告诉记者，她几乎从来没有接到过家长关于和孩子相处问题的咨询。“全部都是问和学习有关的事情，考试成绩多少。”家长的期望加上教育部门对成绩的追求，让教师也不得不重视成绩。

台湾著名漫画家朱德庸曾经说过这么一句话：“大部分的人对于所谓成功，只有两个标准：小时候的分数和大了之后的钱数。”“重金钱”和“重成绩”的教育叠加在一起：一是淡化了孩子的情感。曾有媒体报道，武汉一初中生给父亲发短信要钱，内容只有三个字：“爸：钱。儿。”父亲看罢心酸不已。在“爸”和“儿”之间夹

了一个“钱”，也许在儿子的眼里，维系父子之间关系的纽带就是这个“钱”字，要是没有了“钱”，父子之间可能也就没有什么关系了；二是异化了孩子的思想。有人做了一个调查：“针对父母的付出，你会如何回报？”面对这一问题，学生的回答异常相似：50 人中，有 33 人表示“努力提高学习成绩，读大学多挣钱”是对父母最好的回报，占 66%；仅 17 人表示在家多帮父母分忧、孝敬父母是感恩。

由此可见，孩子没有感谢的话、没有感恩的心，需要我们父母和教师在自己身上找一找原因，是什么让我们的孩子缺乏起码的礼数？曾经在《华商报》上看到一则报道——

见一女子包被抢，西安市民魏先生追上去帮忙将包夺回。女子连谢谢都没说就离开了。目睹这一切的 12 岁儿子拉着爸爸的衣角说：“以后不要多管闲事了。”儿子称，“我很敬佩老爸的行为，好心帮别人，最后人家连谢谢都没说，太不值得冒险了。”

“滴水之恩，当涌泉相报”，女子向见义勇为者表达感谢之意，本是理所当然、顺理成章的事情。表达谢意不仅是自己的一种礼节，也能让孩子懂得见义勇为光荣、会被人感恩的朴素道理。然而，从孩子“忠告”父亲不要“多管闲事”的现实来看，获救者、受益人的冷漠已经潜移默化地误导孩子的人生观、价值观。

如果说上述对孩子的不良影响还是间接的话，那么身为家长和师长对孩子的直接误导亦很多，时不时充当着“坏榜样”。

星期天，在一个旅游景点的停车场，我看到一辆车不让另一辆车僵持在那里，谁都不下车，也没有吵架，就是在那里较劲。我看到他们的车上都坐着学龄儿童。这些现实行为对孩子的硬性影响，是你家里挂了多少“温、良、恭、俭、让”，你讲多少“孔融让梨”

的故事，也校正不过来的。

有一个老奶奶带了一个六七岁的孩子坐公交车，大家给老奶奶让座，孩子跑过去坐下不起来了，奶奶又帮孩子对让座的人说了谢谢，然后一直在和孩子商量，她抱着孩子一起坐，孩子就是不同意。在这一个事例中，作为长辈，对孩子不懂礼数的行为不仅没有及时制止和教育，相反还替孩子对让座的人说谢谢，这样的纵容会在孩子的心里播下怎样的种子？孩子不懂礼数、不懂感恩的心不是一天两天造成的。所以，“孩子不懂礼数、不懂感恩，为什么？”这个问题，作为长者，首先最好问下自己，是不是有过多付出的地方。

管得太多、管得不对是中国教育的一块“伤疤”。在中国是家长追着孩子喂这喂那，英国母亲说，她的孩子吃不吃、吃什么，她都不管，孩子无师自通。而怎么吃，她要管，她管吃相，她要教孩子怎样做正确、怎样做文明、怎样做优雅。我们的家长大都不管这些，所以，我们的孩子长大了要出国，恐怕还得找个地方培训包括吃饭在内的礼仪。

礼数教育除了能够“看到”，还必须能够“做到”。人都是在经历中懂事，泛泛地对孩子说，要孝敬父母长辈，他们根本无法理解，要培养孩子养成一种习惯，他们才会渐渐形成一种责任和义务。不“泛泛地说”，也就是礼数教育拒绝虚情假意，而要让孩子有“真情实感”，就必须先让孩子有“实感”，之后孩子自然会有“真情”。除了让孩子实地操练，我们的教育者应该懂得配合，“真戏”必须“真做”，否则就会出现下面案例那样的“让梨”闹剧，让人啼笑皆非——

墩墩五岁，大眼睛、圆脸，虎头虎脑的，讨人喜欢。自小，墩

墩妈就重视对他的德育启蒙，孔融让梨的故事常常讲起。时间一长，小家伙烦了，冲妈妈嚷道：“知道了知道了，我耳朵都长茧了！”

虽说墩墩嫌烦，但效果还是明显的，家里每次吃水果，墩墩都挑最大的送给奶奶，奶奶喜得满脸开花，把墩墩搂在怀里一个劲儿地亲：“还是我的乖孙子懂得疼人，奶奶牙不好，吃不了这个，乖乖吃。”墩墩见奶奶不吃，又献给爸爸妈妈，爸爸妈妈哪里舍得吃，自然又是一番夸奖。最终，让来让去，那最大的水果还是落进了墩墩的肚里，皆大欢喜。

这天，墩墩家来了一位亲戚。墩墩妈妈热情款待。墩墩扔下手里的玩具，从果盘里抱起一个最大的梨要送给客人，小嘴还挺甜：“叔叔，最大的梨给你吃。”

客人喜得眉开眼笑，连夸墩墩妈教子有方，不简单！现在的孩子呀，自私是普遍现象。他逗着墩墩说：“墩墩真乖，叔叔不吃，墩墩吃，啊。”

墩墩妈满脸红光，更执着了：“客气啥，让你吃你就吃呗，也难得孩子一番心意，快吃吧。”

客人就不再推辞，接过梨美美地咬了一大口。没想到，墩墩却哇的一声哭了，冲着客人嚷：“谁让你吃我的梨了，谁让你吃我的梨了，你这个坏叔叔！”客人被这突如其来的指责弄得满脸通红，一时手足无措。

墩墩妈训斥墩墩：“你这孩子，不是你让叔叔吃的吗，干吗又变卦了？”墩墩振振有词：“谁让他真吃了，谁让他真吃了。”[①]

不过，我们也需要注意教育的另一个极端。有心理学专家做过研究，除了放任和溺爱，在专制和拒绝的父母教育方式中成长起来

① 杨伟．墩墩让梨［N］．城市金融报，2012-1-6.

的孩子，多是心智扭曲、没有爱与被爱能力、不负责任的人。许多家长有打骂孩子的习惯，尽管出于好意，但会在孩子心中留下仇恨的种子，仇恨产生了，自然谈不上感恩。

在学校教育中，也存在着教师之间不团结、不和睦现象，特别是为了成绩和荣誉，教师之间常常明争暗斗，也让学生看到了教师之间的不懂礼数。记得我上小学五年级时，有一次语文课，遇到“铁耙”一词时，教语文的班主任故意说：“同学们注意啦，这里的铁耙可不是我们学校的‘大铁耙’啊！”惊愕之后是我们的哄堂大笑。原来，“大铁耙”是我们一些调皮学生给数学老师起的绰号，就因为数学老师的大门牙突在外面，像“大铁耙”。想不到，老师也会说老师的绰号！之后，我们才发觉他们在工作中一直存在着矛盾：他们照面不打招呼，谁来到教室就只允许复习谁的功课……

曾经有一位学生问他的上师说：“黑铁时代（就是我们现在所处的时代）最大的问题是什么？是战争吗？”上师说：“不是。”“那是灾难吗？”上师说：“不是。”“那是什么？”上师说：“是不感恩。”

上师把“感恩”放到了极其重要的位置。确实，感恩是一份极美的感情。因为感恩，付出的人更加甜蜜，更会加倍地给予，而得到的人也会越发地善解人意，品德高尚。因为感恩，人与人之间会变得亲密，社会更是温暖如春。

美国加利福尼亚州州立大学多明戈斯山分校的心理学家选取了700名10～14岁的学生，逐一评估他们的感恩之心，随后进行为期4年的追踪调查。结果发现，那些对父母的养育、老师的培养充满感激之情的孩子，对生活的满意度更高，心情更愉悦，而且他们的行为更加检点、规范，很少沾染上抽烟喝酒等不良习惯。这项在美国心理学会年会上公布的研究成果进一步指出，心怀感恩之心，会让青少年的消极情绪下降13%，意志消沉的发生率降低15%，违规行为减少 9%；而对未来的美好期待增加 17%，对生活的目标感提高 15%。哪怕这些孩子在成长初期并没有太多的感恩之心，只要家庭和学校有意识地培养，就能受益匪浅。

一个不懂得感恩的人，首先不能做一个快乐的人。不懂得感恩的人，对生活的要求总是很不满足，无论他人为自己做了什么事，在他的眼里都是应该的。别人对他好，他觉得是应该的、平常的，因此不会快乐；别人对他不好，他更会不满足，甚至愤怒，认为全世界对自己都不公平。不懂得感恩的人内心期待总是远远大于现实，因此他难以获得快乐。

当我们知道了感恩对一个人、对人与人之间、对社会的影响之后，我们就应该努力改变孩子不懂礼数、不懂感恩的生活现状。

金太阳幼教集团董事长孙磊女士强调，父母以身作则，是培养孩子感恩之心的必要条件。“上所施，下所效”，首先我们要从自己做起、从小事做起，例如有一个家庭，当家里做了好吃的东西，妈妈总是先让儿子给姥姥姥爷送一份，每个月给爷爷奶奶汇款，去邮局都是带着儿子一块儿去，让儿子填单子办手续，还要在汇款单上写上祝福问候爷爷奶奶的话。结果，“少成若天性，习惯如自然”。这位母亲的做法，其实就是在用行动教孩子行动起来，把礼数和感恩体现在每一次行动中。

在美国，礼数教育是孩子出生后的第一课。其中包括守时守信这一项基本的礼数。美国的幼儿园很注意培养孩子的守时观念，若迟到超过规定的次数，园方有权利不再招收这个孩子。家长每天把孩子送到幼儿园，都要在门口的签到单上签到，并写上到达时间。幼儿园本身很温暖，每个老师都非常和善，但对于屡屡迟到的家长，老师会很严肃地提出批评，同时告诉你，守时守信是孩子进入社会必须学会的第一件事，既是对自己负责，也是对别人尊重。在幼儿园阶段，孩子主要靠父母来训练如何把握、遵守时间，只有守时的家长，才能培养出守时的孩子。美国如此，英国同样非常重视孩子的礼数教育，曾经看到这样一篇访学日记——

我在英国访学期间，曾在距离剑桥城不远的戴姆·布拉德伯里小学短期“跟踪教学”。除了对学校课堂教学的活泼可爱有深刻印象，最让我讶异的便是英国儿童的礼貌教养。无论在街上还是在学校，无论认不认识，小孩子总是先向我微笑打招呼，让我天天“坐”在春风里。

有一次，我和一个孩子在狭窄的步道相遇，我侧身让路，而这小孩因为没“礼让”我，当即受到妈妈的批评。我已经走出至少五米外，还听到小孩远远地对我说“对不起”。①

有太多的事例证明礼貌是西方儿童学习的重要课程。剑桥大学人类学教授阿兰·麦克法兰回忆自己 8 岁那年，外祖父对他的忠告是，无论他“多么羞怯、不安或疲惫，都应当带着温暖的笑容和对对方境况的真诚理解，走进一个房间或投入一场友谊”。在人类学家看来，礼貌就像一场精致的游戏或舞蹈，其中的规则和礼仪都是学问，需要好好学习。等到礼貌成为习惯，它便化入人生，成为人性之一部分，处处动人。

其次，感恩的“恩”是由“因”和“心”组成，因有心，孩子才会感知父母的疼爱、老师的教诲、身边人的宽容和给予。我们可以有心开展一些知礼数、懂感恩的活动，例如郑州某小学在课堂上播放了“妈妈分娩录像”，让孩子们感受母亲生产时的疼痛和辛苦；无锡一小学新生开学第一课举行了“拜师”活动，面向所有任课老

---

① 摘自 http://blog.sina.com.cn/s/blog_542078770101khlj.html。有改动。

师，孩子们双手微拢举过头顶，一个弯腰，给所有老师送上大礼；一所学校每个班级都创设了一堵感恩墙，让孩子们平日里把感恩话语说出来贴到墙上；一所中学举行了“我为父母做早餐”活动，在活动中让孩子体会感恩之心；每年年底，南宁市星湖小学都有一个感恩活动，学生回顾自己一年来的成长历程，通过书信、绘画、贺卡等形式，向帮助过自己的人表达感谢。……在上海教育新闻网举办的“2013 中国好作业”活动中，有好多作业涉及“感恩”主题。

我们都希望通过良好的教育，让孩子知书达理，成为绅士或淑女。我想说,“知书”是为了能够“达理”，如果只“知书”不“达理”，一个人的道德终究会存在缺陷。缺陷定律告诉我们：道德常常能填补智能的缺陷，而智能却永远填补不了道德的缺陷。学会“达理”的基本要求是学会礼数，学会“达理”的更高境界是学会做人，而我们教育的缺陷正是忽视或淡化了做人教育。金融白领赵晗从人大附中到清华，再到港大，最终却发现成长中还有缺陷：“当我走进社会时，当我真正接触人生时，我惊觉过去的精英教育是残疾教育。在做精英之前，我还不会做一个人！”在此我想说，要让教育不“残疾”，首先得从学生的礼数教育抓起。

这里，
我们可以得到这样一条
“醒‘师’恒言”：

懂礼数必定懂道理，知感恩必定知图报。懂礼数、知感恩才会有情有义，缺少礼数和感恩的教育是缺“钙”的教育。

03. “蹦跳”，为啥学生欢喜教师忧？

在《新闻晨报》看到一则题为《学校实行“课间圈养”，厕所成孩子玩耍乐园》的报道——

这个学期，洋洋升入二年级，“整个一年级，他一直被老师投诉课间频繁上厕所。”洋洋妈很无奈地说，孩子的学校，课间和午休时间，都不允许孩子去操场玩。而洋洋所在的班级，甚至不允许出教室。为了出去透透气，孩子唯一的借口，就是上厕所。

记者采访发现，出于安全考虑，很多小学课间和午间对孩子进行“圈养”，不准出教室是最为严格的，更普遍的情况是，只能在教室和走廊活动，但不能嬉闹、奔跑、喧哗。于是，不能去操场自由玩耍的孩子，成了“厕所爱好者”，他们躲在厕所里，推门、打闹、看课外书、玩拖把，甚至拖地。

上小学前，洋洋妈无论如何也没想到，儿子被老师投诉最多的竟然是上厕所。“他老师跟我说，人家小朋友都在做功课，你们家小孩怎么这么忙，每个课间都要去上厕所，去了还磨磨蹭蹭不肯回教室。”洋洋妈说，听了老师的投诉，自己真的很无语，“我们小时候课间都是铃一响就奔出去跳皮筋……”

洋洋的学校尽管有一个大操场，但是课间和午间，操场上都是空荡荡的，一个人也没有……

学校之所以实行“课间圈养”，不外乎出于两点考虑：一是怕学生出现人身意外，二是怕浪费学习时间。前者是学校普遍担心的安全问题。据《深圳商报》报道，美国一些学校规定“禁止奔跑”。在美国一些地区，一些学校由于怕学生在运动中受伤使学校摊上官司，打算将诸如秋千、滑梯、游泳池等“危险设施”禁用，有的学校操场上甚至出现了“禁止奔跑”的牌子。这种情况下，一些专家呼吁，为了让孩子健康成长，应该让他们接触点儿危险，让孩子玩得野一点。

《美国运动场：复兴社区空间》一书的作者苏珊·所罗门在“游戏价值大会”上说，美国人现在好像打算“清除操场上所有危险”“剥夺操场上所有快乐”，让孩子们变得更不爱动、变得肥胖。一些专家认为，学校的禁令让学生更多地待在了屋里，这不利于儿童健康。

大洋彼岸的英国人也在为孩子的运动场所操心。英国《每日电讯报》报道，英国安全专家在安全会议上说，在操场上不应追求“绝对安全”，应该让孩子们“冒点儿险”。英国事故预防协会游戏安全经理戴维·耶利说：“运动场要达到必要的安全，而不是要达到尽可能的安全。”好的运动场应提供游泳设施、平衡设施、攀登设施和综合的自然环境，还要给孩子们发挥想象力的机会。他说，要保护儿童不在运动中严重受伤，这点毋庸置疑，但一些“小事故”可能让儿童学到更多知识。

下面是我国一名小学生写的题为《我心中的校园》的作文片段，从中我们可以听到孩子的心声，其实现在学校的运动设施已经有了很大的改善，例如具有弹性的塑胶操场。在这样的条件下，教师需要做的应该是最大可能满足学生“活蹦乱跳”的心愿。

我心目中的学校是一个让我们尽情玩耍的乐园。学校四周铺设了五颜六色的塑胶跑道，煞是好看。你可别小看这花花绿绿的塑胶跑道，它的功能可大了。假如我们在跑道上不小心摔了一跤，塑胶里面的电脑芯片就会马上启动防摔功能，在0.01秒内释放一层防护罩，这个防护罩可以让人减轻99%的痛。有了这个防护罩，同学们就可以放心大胆地嬉戏玩耍了。[①]

我们都知道，温室里的花朵经不住外面的风风雨雨。学校的“圈养”教育，只能压制学生的天性和压抑学生的个性。课间十分钟，学生不能出去玩耍，正好成了教师要求学生埋头于作业的时间，长此以往，学生的学习负担将会越来越沉重，心情将会越来越沉闷。这种“不轻松”“不愉快”，我们可以从学生上厕所时在走廊中的走路姿态看出端倪：他们要么低着头匆匆而过，心里依然牵挂着教室中的作业题，要么提着心沿着走廊的右边笔直而行，心里时刻提醒着自己不要违反学校纪律。曾经有人戏言现在的学生是“夹着尾巴走路”。不能蹦跳的走路愈加让学生难有青春的活力，紧张过后或是懒散。

美国旧金山州立大学教授艾瑞克·派伯做了一项实验。他召集了110名参试者，让其中一半人采用懒散的姿势走过走廊，另一半人则采用蹦跳的姿势，并对自己的情绪和体力水平进行评价。之后，这两组参试者再互换走路姿势。结果显示，姿势懒散的受试者体力下降、情绪消极，而采用蹦跳姿势的受试者会出现体力上升和情绪愉快的积极感觉。

是啊，我们都有这样的经验，只有当孩子心情愉快时，例如收到老师的礼物，受到老师的表扬，得到老师的重用，总之遇上喜事时，他们的走路才会情不自禁地蹦蹦跳跳，嘴里还常常哼着小曲。其间，孩子“欢蹦”的时候难免会“乱跳”，也情有可原，只要适当引导，就不是问题。

情绪会影响人的走路，情绪也会影响人的走向。什么促使人走

① 摘自 http://www.wxdzx.com/deyu/showarticle.asp?articleid=8373。有改动。

向成功？艾瑞克·派伯教授的研究表明，其中一个主要因素是情绪。做同一件事，为什么有时候你表现不佳，但有时候你却表现得非常优秀？其实，区别就在于你是否把自己放在一个积极的情绪之中。

我们都知道，学校应该是学生学习的乐园。学生心情是否愉快，很大程度上决定着学习的活力和学习的质量。那种“圈养”和“禁足”的做法只会让学生的心情越来越糟。还给学生“蹦跳”的权力和机会，这才是现代学校的正确选择。

首先，学校要给学生到室外“蹦跳”的时间

课间十分钟，学生可以到室外走一走、跳一跳，甚至跑一跑。现在许多学校安排了“蹦跳半小时”的大课间活动，美其名曰“阳光体育”。我认为，其意一是让学生能够沐浴阳光，二是让学生能够心情阳光，在身体上和心灵上都能健康地发展。大课间，让学生有更多的时间到操场等开阔的地方去欢蹦一下、乱跳一番，打两个滚儿、踢几脚球、赛几趟跑、捉几回迷藏。近三年来，日本教授安雄何泽康提议将捉迷藏列为奥运会比赛项目，以使竞技体育运动更加普及和深入到普通大众之中。我们还可以把一些趣味运动会的项目放在平时的课间活动，例如袋鼠跳接力、双人背对背夹球接力、双腿夹球跑、接力棒推球绕杆跑等。只是在狭窄的空间中，例如走廊，我们可以禁止学生奔跑，但不能禁止学生蹦跳。在学生的蹦跳中，如果教师也能够像下面案例中那样抽空、抽身与学生一起欢蹦乱跳，对学生将是莫大的鼓舞——

大课间又到了，操场上一下子热闹起来，玩球的，玩拍手游戏的，踢毽子的，跳绳的……孩子们在操场上尽情地玩乐。

我特意走到女生活动的区域看看。“老师，你会踢毽子吗？和我

们一起玩吧！”班上的“小机灵鬼”说：“对！老师和我们一块儿玩游戏！”其他女生都跟着应和。说实在话，我也喜欢玩，但我是老师啊，怎么能随便和学生一起玩呢？每次学生活动，我只是充当“巡警”：我最关注的是哪个学生违规了，哪个学生捣蛋了。

然而，这一次面对孩子们盛情邀请，我不能再拒绝了，就和她们玩一会儿吧。我的毽子踢得很棒，让她们见识一下。于是，我加入了踢毽子的行列，1、2、3……我一边踢，她们一边数。当我一口气踢了72个时，望着她们灿烂的笑脸，似乎一下子回到了学生时代。“老师赢了！”，孩子们围着我直问：“您怎么踢得那么好？教教我们吧！”在欢声笑语中，我第一次体会到自己和学生离得这样近。①

苏霍姆林斯基说得好：“一个好教师意味着什么？首先意味着他也是这样的人，他热爱孩子，感到跟孩子交往是一种乐趣。”与学生一起踢毽子，与学生一起玩，平等地与学生交朋友，也是一种教育，而且是富有成效的教育。陶行知先生说：“我们必须会变成小孩子，才配做小孩子的先生。”老师们，抽点时间，找块场地，带着童心，常和学生蹦一蹦、跳一跳吧！课间十分钟，是我们保证学生蹦跳最起码的时间。除此，春游、秋游是学生最开放也是最开心的日子，他们蹦蹦跳跳地走出学校的大门、走在野外的小路上，呼吸着新鲜空气，观赏着自然风光，那是何等惬意和欢乐。

为了能让学生尽情地蹦跳，美国华盛顿州的一所小学真会找机会。一天，这所学校的网站上出现了一条令人难以置信的通知：因为天气实在太好，学校决定临时放假一天。校长桑普森先生证实了通知的真实性。他表示，孩子们需要享受放假的快乐，这样才能精力充沛，展现出孩童时代应有的活泼。孩子们在这一天可以尽情蹦

---

① 刘军．和学生一起玩乐［J］．教育文汇，2011（11）．

跳玩乐，不过他们也不能忘了自己的家庭作业：拍一组漂亮的照片带回学校。这样闻所未闻的事，在我们听来几乎是天方夜谭，我们的学校是不敢也不愿这么做的。

其次，学校要给学生在课中"蹦跳"的时间

艾瑞克·派伯教授还指出，对现代人来说，坐着时要保证端正的姿势，每工作 20 分钟腾空做做伸展运动，不仅能减轻疲劳感，还能恢复体力和调动情绪，从而使工作效率大幅提高。在学校中，学习是学生的主要"工作"。高度紧张的课堂学习，学生会感到苦与累，所以，教学应该做到有张有弛。那么，在课中是否也可以让学生"蹦跳"一下，松弛一下绷紧的神经呢？一节课 40 分钟，当教学进行到 20 分钟时，新授环节基本结束，学生经历了繁忙的思考和繁重的记忆，身心普遍会感到疲惫，很需要得到短暂的休息。所以我认为，在一节课进行到 20 分钟左右，安排 20 秒左右的"课中操"很有必要，让学生蹦一蹦、跳一跳，轻松一下，放松一下，继续保持好心情迎接下半时段的学习。

"课中操"，我们不能因为时间紧张和使用麻烦而放弃、抛弃甚至嫌弃。特别在低年级教学中，小孩子的持久力更差，所以更应该安排好形式多样的"课中操"。

"课中操"，可以是全身运动，也可以是局部运动。例如：伸出你的左手，伸出你的右手。指指你的左眼，指指你的右眼。拉拉你的左耳，拉拉你的右耳。摸摸你的左脸，摸摸你的右脸。跺跺你的左脚，跺跺你的右脚。

"课中操"，也可以模仿动物运动。例如：小白兔，蹦蹦跳（小兔跳）。小鸭子，嘎嘎叫（双手放前做鸭子嘴巴状）。小金鱼，游啊游（双手做鱼游状）。小朋友，拍拍手，安安静静齐坐好。

“课中操”，还可以结合教学内容。例如语文课中的《拼音休息操》：点点头，伸伸腰，我们来做拼音休息操，动动手，动动脚，我们来背声母表……扭扭脖子，扭扭腰，我们来背韵母表……站要直，坐要正，我们来背整体音节认读表……；又如数学课中的《认识时钟》，“课中操”就可以让学生一只手做时针，另一只手做分钟，进行时间的演示活动。这样的“课中操”，既活动了身体，又活跃了气氛，更活络了思维。

最后，我萌生了这样一个想法：判断一所学校是不是一所好学校，判断一所学校是不是一所顺应学生天性的学校，最简单的方法是否可以看课间和课中学生是否有“蹦跳”的权利和机会？

这不禁又让我想起以前听说的一件事：

有一位到中国来工作的外国人要为自己的小孩找一所好的小学。他首先跑到我们推荐的一所名校去看了看，结果很失望。然后他自己跑到了一所我们认为的薄弱小学去看了看，结果却很满意。事后问及原因，他说他在前一所学校看到的是课间空荡荡的操场和在走廊里齐刷刷走路的学生，而在后一所学校看到的则是课间在操场上追逐嬉戏的孩子和在走廊里蹦蹦跳跳的孩子。他说这样的学校才叫学校，孩子需要这样的学校。

你认为这位外国人的看法对吗？

这里，
我们可以得到这样一条
“醒‘师’恒言”：

蹦跳是孩子的天性，允许孩子蹦跳是学校的天职，这样的学校才会成为孩子学习的天堂。

04. 学生的心，教师读懂了几分？

在教育中，许多教师都认为谁的学生谁了解。然而，哪怕是你最熟悉的学生，都可能会让你一时半会看不懂。有人说，孩子的心，像九月的天，变化无常。例如有时候我们获得的回答却不一定是学生真实的想法。这样的状况正如英国畅销书作家朱利安·巴吉尼出的一本哲学普及类新书的书名《你以为你以为的就是你以为的吗？》。

有一天在课堂上，一位学生的学习用品几次掉到地上，一会儿是文具盒，一会儿是书本。教师感到这位学生今天似乎很反常，就问他怎么了，他回答是自己不小心。是不是这样呢？真实情况是今天教师几次提问都没有叫他回答，让他感到今天的老师很反常，因为他是好学生，平常课中教师都会请他回答问题，然而今天到现在教师都把回答问题的机会给了别人，让他感到很没面子，于是就故意把学习用品掉地上来引起教师的注意，同时表达自己的不满。然而，教师了解学生的内心想法的途径只限于对话，一旦学生说假话，就无从知道真实的信息。如果教师学会察言观色，看到学生那张涨红了的脸以及学生的心神不定，然后想到每次掉东西都发生在叫其他学生回答问题之后，或许就能看出一些端倪。

由此可见，如果仅仅凭与学生的对话，教师未必能够全面而真实地了解学生。又有人说，孩子的心最难猜，但只要我们善于察言观色，就能猜出几分来。所以，察言观色也是教师应该学会的教育基本功，也是课堂观察一项很重要的技术。

察言观色，是指通过人的言行来揣摸人的心意。这是行为心理学的范畴。沟通学者研究发现，人在沟通时，有7%的效果来自说话的内容，38%取决于声音（音量、音调、韵脚等），而有55%取决于肢体语言（面部表情、身体姿势等）。所以，在解读他人心意时，重要的不只是他说了些什么，更要紧的是他怎么说，最终能够看出他没说的是什么。识人定律告诉我们：想知道一个人的内心缺少什么，不看别的，就看他炫耀什么；想知道一个人自卑什么，不看别的，就看他掩饰什么。

要能很好地察言观色，我们应该练成见微知著的本领。美国电视剧《Lie to Me》（别对我说谎）的热播，点燃了人们破解微表情、微动作、微语言的热情。在教育教学中，我们同样应该通过学生的微表情、微动作、微语言来解读学生的内心世界：

一是通过面部表情来读懂学生

“脸上的表情，天上的云彩。”心理学上有“相由心生，观人口面可知心”，即脸形不同，性格不同，眉毛动态可以传递心情变化，眼睛形状容易泄漏内心秘密，下巴变化能够展现个性特点，等等。

心理学家发现，人类至少有六种与生俱来的原始面部表情：喜悦、悲伤、厌恶、愤怒、惊讶、恐惧。通常在两岁之前，我们就已经能够用相同的脸部表情来表达这些原始情绪（即使一个小孩又盲又哑，仍旧会有这些情绪表情）。而一个人“看脸色”的功力也是自幼就养成的，在四五岁时，我们就能辨认一半的面部表情，而到了六岁左右，看脸色的正确度就达到了75%。

至于辨认表情的诀窍，则在于分析脸部的几个重要线条：嘴角

（上扬或下垂），嘴型（张开或紧闭），眉毛（上扬或下垂），眼角（上扬或下垮），眼睛（睁大或微眯），以及额头（眉毛上扬到额间有横纹，眉头紧蹙则眉间有直纹）。而我们之所以能区别这些情绪，是因为我们知道，某些脸部区域对辨认某些情绪特别重要。例如，以悲伤与恐惧而言，眉毛及额头就特别重要；而厌恶与喜悦的情绪则以嘴巴的表情最有意义。在教育教学中，如果教师懂得这些“相面术”，无疑为正确洞察学生的心情和心思插上了“隐形翅膀”——

一次，我提了一个问题，全班踊跃举手。我叫到了她，可是出乎我意料的是，这个孩子竟然半天没出声。别的孩子已经急得团团转，可是这个孩子却只能站在那里。于是，我只好叫别的学生回答，并在下课后反复给她讲解。出乎我意料的是，孩子告诉我：“老师，我会，只是我当时没想到您能叫我，我一站起来就忘了！”是呀，当时我怎么没发觉她那有点惊恐的脸色以及有点发抖的身体，而自以为是地认为她在滥竽充数呢？

洞察人心要善于判断表情，表情有无、大小皆有深意。正常的表情一般持续在 1/2 秒到 5 秒之间，有一个起承转合的过程。而微表情的与众不同在于持续时间较短，一般只有 1/25 秒至 1/5 秒。这种表情往往和欺骗联系在一起，表达着人们内心的真实想法。在学校里，学生“欺骗”教师也是一个高概率事件，所以特别需要教师能够明察秋毫。

生活中，我们有时会看到有些人不管别人说了什么、做了什么，他都一副无表情的面孔。其实，没表情不等于没感情，因为内心的活动，倘若不呈现在脸部的筋肉上，那就显得很不自然，越是没有表情的时候，越可能使感情更为冲动。例如有些学生不满教师的批评，只是敢怒不敢言，只好故意装出一副无表情的样子，显得毫不在乎。其实他内心的不满很强烈，如果你这时仔细地观察他的面孔，会发现他的脸色不对劲。遇到这种学生，最好不要直接指责他，或者当场让他难堪，而应另择时间和地点，开诚布公地与学生交换意见。

从谈话表情还可以看出一个学生的性格和性情：一直微笑地看着你的，这类学生的个性通常是做事不露锋芒，不爱表露自己的真实想法，喜怒不形于色，谨小慎微；皱着眉头的，这类学生通常具有批判精神，总试图提出与众不同的意见。另外，还有些学生皱眉头是因为他们对别人的发言内容不敢苟同；咬嘴唇和舌头的，从性格上看，一般是心无城府、喜怒形于色。如果听人说话时，有些学生做这种动作，说明他们对别人讲话的内容不太感兴趣，或者是想发表自己的看法，但又不知道如何开口；如果学生眼睛闭成一条缝，哈欠连连，可能就是表示他非常疲倦了，对教学内容缺乏兴趣，教师就要注意，此时要么就此打住，要么转移话题。

下面我们重点来看一看一个人的“心灵窗户”——眼睛。眼睛是脸色中最应关注的重点，它最能不由自主地告诉我们真相，因为眼睛是属于最不能伪装自己真实感情的器官。孟子云：“存乎人者，莫良于眸子。眸子不能掩其恶。胸中正，则眸子瞭焉；胸中不正，则眸子眊焉。”

有一位空姐经过强化训练后，已经能够做到对乘客微笑服务。然而，让她感到郁闷的是乘客依然能够看出她内心的冷漠，也就是说她的微笑只是一种职业表情，并非发自内心。最后她去请教了一位心理学专家。专家让她用一张纸遮住脸部下面那张微笑的嘴巴，然后照镜子，结果她看到的是自己那双透露出冷漠的眼睛，至此她才明白是自己的眼睛出卖了自己。由此可见，在教育中，教师应该多看看学生的眼睛，透过学生的眼睛来洞察学生的内心世界。例如我曾经教过一位学生，尽管她听课时坐得很端正，对我的讲课频频点头，也面露微笑，然而她的眼睛却掩饰不了学习的冷漠和勉强。

一个人是真笑还是假笑，可以从眼睛里看出来。现在科技发达了，美国麻省理工学院最近研发了一款新电脑软件，能够清楚地知道你是发自内心地微笑还是强颜欢笑。情感计算机研发小组成员通过表情两个细微处的观察和计算模式相结合发现：虽然外表看起来差不多的笑容，假的和真的笑容在肌肉的表现上也有不同。

曾经看到毕淑敏写的一篇题为《看着别人的眼睛》的文章（节选，有改动），她告诉了我们关于眼睛的许多秘密——

很小的时候，如果我有了过失，说了谎话，又不愿承认的时候，妈妈就会说：看着我的眼睛。如果我襟怀坦荡，我就敢看着她的眼睛，否则就只有羞愧地低头。

从此，我面对别人的时候，看着他的眼睛。

当我失败的时候，看着亲人的眼睛，我无地自容。但悲伤会使我的眼睛蒙满泪水，却不会使我闭上眼睛。看着批评我的目光，我会激起正视缺点的勇气与信念。我会仔细回顾我走过的路，看看自己是怎样跌倒的，今后要避开同样的危险。

当我受到表扬的时候，我也快乐地注视着别人的眼睛。我不喜欢假装谦虚把睫毛深深地垂下，一个人回到僻静处悄悄地乐。我愿意把心中的喜悦像满桶的水一样溢出来，让我的朋友们分享。在我的亲人、我的朋友的眼睛里，我读出他们的快活和对我更高的希冀。

当我面对陌生人的时候，我会格外注视他的眼睛。假如他的目光坦诚而友好，我会向他伸出我的手；假如他的目光犹疑而彷徨，我断定他是一个没有主见的人，不能成为朋友；假如他的目光躲闪而阴暗，我会退避三舍，在心里敲起警钟；假如他的目光孤苦无依，我愿意提供力所能及的帮助。

当我面对熟人的时候，我会观察他的眼睛有没有变化。他们的眼睛会随着思绪的喜怒哀乐变换颜色，作为朋友，我愿与他们分担。假如他们悲哀，我愿为他们宽心；假如他们喜悦，我愿与他们分享；假如他们焦虑，我愿出谋划策；假如他们忧郁，我愿陪着他们沿着静静的小河走很远很远。

当我独自一人面对镜子的时候，我严格地审视自己的眼睛。它是否还保持着童年的纯真与善良？它是否还凝聚着少年的敏锐与蓬勃？它在历尽沧桑以后，是否还向往人世间的真善美？面对今后岁月的风霜雨雪，它是否依旧满怀勇气与希望？

……

当我刚刚开始学习注视别人的眼睛的时候，心中很有些不安。我觉得自己是个小小的孩童，我怎么敢看着别人的眼睛？那不是太不尊敬人了吗？我对妈妈讲了我的顾虑，她笑了，说，那你明天试着看看老师的眼睛。

第二天，在课堂上，我开始注视着老师的眼睛。好怪啊，老师好像专门给我一个人讲课似的。我的思考紧紧地跟随老师的讲解，在知识的密林里寻觅。当讲到重要的地方，我看到老师的眼睛里冒出精彩的火花，我知道自己一定要记住它；当老师的眼光像湖水一样平静的时候，我知道这只需要一般掌握；当我在读老师眼睛的时候，老师也在读我的眼睛。假如我显现出迷惘与困惑，老师就会停顿他讲解的步伐，在原地连兜几个圈子，直到我的目光重又明亮如洗。假如我调皮地向他眨眨眼睛，他会突然把讲了一半的话咽进嘴里。他会知道我已心领神会，可以继续向下讲了。

我这才知道，眼睛对眼睛，是可以说话的。……随着年龄的增长，我明白了注视着别人的眼睛，是一种郑重，是一种尊敬，是一种信任，是一种坦诚。

……

从上文中我们还可以找到这样一些教育的启示：在教育中，要判断学生是否说谎，教师也不妨试着让学生“看着你的眼睛”；在批评学生的时候，不要总认为学生的低头才是认罪的表现，如果学生看着你，或许说明他有信心改正，而并非总是强硬的表现；在与学生谈话时，教师应该善意地看着孩子的眼睛，这是对孩子的尊重；在教学中，教师应该多看看学生的眼睛，教学效果能够从学生的眼睛中看出来，学生学习中的疑惑和困惑，也可以从眼睛里看出来。有一次，我去江苏无锡市天一中学听一节少年班的数学课，从头至尾学生回答教师的提问均不举手，都是教师直接点名回答。课后我对上课教师提了一个问题：“在小学中，教师都是通过学生举手来指名学生应答的，而你是怎么判断你的学生能不能和想不想回答问题的呢？”上课教师说了一番，归根结底就是看学生的眼睛，如果学生看着教师的眼睛或迎着教师的眼神，表示学生有着回答教师提问的胆气和底气。

在课堂教学中，如果学生心不在焉，目光常常会游离别处，所以教师常常通过学生的眼睛是否盯着自己或盯着黑板来判断学生是否专心致志地听讲。例如在课中，学生的眼睛盯着一个地方不动，他肯定是开小差了，可能在想其他问题。如果你点他提问，他会猛地一惊，一定会答非所问。曾经有人问学生：“每次都能让你从迷惘失神的状态中瞬间清醒的是老师的哪句话？”结果是教师的这句话入选：“谁来回答这个问题？”；眼睛盯着抽屉、手不停地动的学生，八成在做小动作或是在玩玩具，你走到他的跟前，他甚至都不会发现；左顾右盼、东张西望的学生，一定是有什么问题或是下课时和某个同学发生了不愉快，使他不能把精神集中到课堂上来；如果有一位学生在繁忙的学习中，眼睛时不时地偷看着教师，那又代表着什么呢？下面的案例会告诉你答案——

一天，学生们正在大声朗读课文，听着琅琅书声，我心里有种阳光灿烂般陶醉的感觉。当我以满意的目光环视整个教室时，与学生潘伟的目光相遇了。潘伟的眼里闪过一丝慌乱和不安，赶紧埋下头大声读起来。我走过去一看，他更紧张了，额头上竟急出了小小的汗珠。我一看他读的书，恍然大悟，他读的是一本小说，只是给小说加上了一个语文课本的封面。我没有批评他，反过来用目光制止了他，让他拿起了语文课本。[①]

上述这些只是读心术最基本的“现象学”，常常存在着不一定，因为事情比我们想象的复杂得多。例如有一种情形就需要我们注意：学生在极度苦思冥想的时候，眼睛往往会移向他方甚至窗外，此时就需要教师能够明辨是非，不要误认为是学生在开小差。

下面这些眼神表现出的心理意义也值得教师参考：如果一个人是在回忆某件事情，那么眼神不应该是直勾勾地看着对方；快速地眨眼表示一个人很紧张或是很得意；人在回忆颜色和数字的时候，眼睛看的方向是不一样的（因为大脑功能分区不同）；眼睛先往旁边看，再往下看，带有一定的欺骗性。

如果你是一位班主任，建议你每天走进教室的第一件事，就是注意学生的眼神，看看有没有什么异样，或许就能发现什么异

① 摘自http://www.teacherclub.com.cn/tresearch/contribute/show.jsp?cid=00001&contributeID=100000730。有改动。

情——

中考第一天的早晨，我走进教室，看到有个学生眼睛是肿的，就悄悄塞给他一块口香糖，让他减减压，然后到休息室打了电话给他妈妈。原来凌晨四点，不知道为什么闹钟突然响了，那学生就一直没睡着。挂了电话，我赶紧去鼓励他，跟他开开玩笑，让他放松一下心情。

我们还应该知道的是，男人和女人的“用眼”方式不同。看到一个有趣的统计，说如果两个人坐着交谈，那么若是两个男人的话，多半是喜欢并排坐着，而若是两个女人，则更喜欢面对面坐着。这是由于男人偏于理性，而女人偏于感性，男人的理性决定着他不愿因目光对视而影响内心的思考，而女人的感性决定着她们愿意对视着交谈而感受彼此的真诚。这两种不同形式的交谈，其实准确地反映了男女之间的差异。

偶尔也会发现一男一女在交谈，他们面对面或并排坐的概率竟然各占一半，但无论是并排坐还是面对面，总是女性注视着男性，而男性的目光总有些游离，似乎在思考着什么。男性说他们觉得面对面坐着似乎有种被控制的感觉，不是那么自由，好像一方在对另一方训话一样，而并排坐则显得平等许多；而女性说她们觉得面对面坐着更加亲切，注视着对方的眼睛，能更深切地感受到对方传递来的气息，而并排坐则显得没有安全感，因为不知道对方在交谈的时候是否想着其他的事情。由此带给教育的思考是，我们在与学生谈话的时候，是否也需要根据性别考虑不同的交谈方式呢？

二是通过行为表现来读懂学生

肢体语言往往比口头语言更具可信度。换句话说，要伪装语言符号容易，但伪装身体符号就困难多了。“行由心出，动为意现”，就是说行动是心中意念而的展现，一个人的真实性格、真实想法，通过观察他的行为哪怕是微动作就可以发现，即使他再怎么掩饰。例如奥巴马有一个习惯姿势：思考的时候爱用手指支撑面部。专家认为，这个姿势说明他在倾听的同时也在思考。心理学认为，如果倾听别人说话时用手腕支撑面部，那往往显示听者在敷衍。

在教育中，教师可以通过留心学生的动作来侦探出学生的真实态度。如果学生很认真地听课，大致会正襟危坐，头会随着教师的位移而转动；学生凝视着教师，不时微微点头，这种情形表示学生在肯定或欣赏教师的讲解；学生与教师的目光相遇后头转向别处，大多说明学生不愿意或没能力直面教师的问题或要求；在探究活动中，如果学生的操作方法与教师要求不一致时，会藏着捏着，生怕被老师发现。

在一次“新年彩灯”教学活动中，教师要求幼儿园的孩子用固体胶平的一头去蘸颜料，然后按在纸上，表示灯亮了。一个孩子将固体胶的盖子拔下，稍稍拧出一点点固体胶，然后蘸一蘸，按一下，圆圆的彩灯亮了，中间还漏了一点小孔，孩子开心地笑了。当老师走过来时，他立刻将盖子盖好，手里转动着固体胶。教师转身后，他又继续操作，并不时地瞄着教师，忽而欢喜忽而忧虑。教师察觉到了这一举动，蹲下身子用赞赏的口吻说：“你的灯和别人有点不一样哦。”孩子低着头，并用手将画纸遮住。教师接着说：“方法上有创新，很独特。”孩子这时才勇敢地抬起头，笑了笑问：“我可以继续吗？”“当然可以。”教师给予肯定的回答。

又如当教师有意或无意地看了看学生，结果那位学生身子不自然地扭动了一下，这样的信息大多表示该学生现在不喜欢得到教师过多的关注，一种可能是他还没准备好，另一种可能是他刚才在开小差。

从一个人的微动作，我们还能看到他的行为习惯。曾经看到这样一个笑话：有人出了这样一道科学题：写出几种你常用的思考方式。一生答：吃手指。虽然答非所问，但我们至少可以看出答案是他的亲身体会，平时思考时总爱吃手指。在学习中，确实存在着思考时吃手指的学生。有的学生在遇到难题苦苦思索时，会情不自禁地咬手指。这也是一种肢体语言，教师也应该能看懂。

我们都有这样的“常识”，通过观察人的表情和动作，还可以识破一个人的谎言。大部分人认为，如果他的目光总是避开你的眼睛，身体不断扭动，就可能是在撒谎。研究发现，这些行为在人撒谎时不会增加。另外，在我们平常的观念中，人在撒谎时会伴有一些神经质的动作，如搓手、扭身体、抓耳挠腮、扭发梢、咬嘴巴和摸下巴等等，但从研究结果来看，这些动作与撒谎之间并没有固定的联系。然而，撒谎往往会在手势上露出马脚。因为手势可能就是真实想法发出的一种非言语标识。人在说谎话时，打手势不会像平常那么多。换句话说，一些人说起话来喜欢比比划划，一旦他们说谎，手势就会减少。另外，撒谎也会从习惯动作中暴露出来。习惯动作指特定文化中人们约定俗成的手势或姿势。例如向上伸拇指代表赞扬，伸中指代表侮辱，点头代表肯定，摇头代表否定等等。人在撒谎时，习惯动作容易增加。更重要的是，习惯动作经常能够反映出一个人实际在想些什么，而不是在说什么。例如一个学生面对教师的要求时，微笑着说他很愿意“去打扫厕所”，但同时在慢慢摇晃他的头，这很大程度上代表他所说的很可能并不是真心话。

可能许多人不知道，我们小时候常玩的“剪刀石头布”游戏竟然也能看出人的性格：习惯出石头的人适应能力强；习惯出剪刀的人独立性和忍耐力强；习惯出布的人善于交际，往往容易获得财富。从统计学角度分析，一般情况下出布的概率为29.6%，出石头的概率为35.4%，出剪刀的概率为35%。

三是通过语言表达来读懂学生

“言为心声”，人内心的思想，有时会不知不觉在口头上流露出来。只要我们用心聆听，就可以从言语中洞察他人的真实想法。有人说：“沟通的关键是听到对方没有说出的内容”，聆听只是沟通的一部分，还需要我们善于从对方的言语中听出他的内心。一个人说话的速度、说话的音调、说话的节奏，都能够帮助我们揣摩对方的心理。例如说话的速度常常能反映一个人的心情，说话快的人突然慢下来，那他可能有些不满，而说话慢的人忽然加快语速，他可能在说谎，或者心中怀有愧疚。由此可见，通过观察人的语言也可以识破一个人的谎言。除了说话的速度，我们还可以通过说话的音调来识破一个人的谎言：一般人说谎时，由于害怕事情被揭穿，音调会不自主地提高。

另外，还有两种情况人也会提高自己的音调：一是为了反对他人的意见，二是为了展示自己的自信。在一个完美的世界里，你希望自己既准确又充满自信，但如果只能选择其一，自信能让你的追随者更多。说的可以不一定全对，但声音要更大。古语有云，“有理不在声高”，但美国华盛顿州立大学的一项研究表明，人说话时越是自信、大声，越容易赢得信赖。

除了说话的速度、说话的音调，说话的节奏也很重要。节奏比较顺畅时，说明他很有信心，若张口结舌、吞吞吐吐，说明他缺乏自信。另外，喜欢复述说话者的言辞，表示自己一直在注意听。

从言语上察人大致有三种途径：一是从说话方式可以识透人的真实心理，二是从闲谈的话题可以透露人的内心世界，三是从说话习惯可以看出人的行为方式。

耶鲁大学的招生官员讲过一个真实的故事：有一个中国学生，对历史学非常感兴趣，在中学阶段就通读了《剑桥中国史》和《资治通鉴》，对耶鲁大学著名历史学家史景迁的所有中英文著作如数家珍，还发表了一些历史方面的小文章。这样的学生应当是每一所大学都非常欢迎的，但耶鲁最后拒绝了他。原因很简单。面试官问他："晚上睡觉前你和宿舍里的同学都聊些什么？"（他是住校生）他回答说："我给他们讲各种各样的历史故事。"面试官认为，一个正处在青春期的男孩子，晚上睡觉前和宿舍里的其他男生聊的不是女朋友就是足球，谁会有兴趣去听你的历史故事呢？要么说明他说的是假话，要么说明他和周围的同学不合群。而耶鲁大学的人才培养目标是从事公共服务的领袖，一个不能和周围其他人进行良好沟通的人未来怎么可能率领大家做出巨大成就呢？因此尽管他将来可能会是一个非常了不起的历史学家，但不符合耶鲁大学的招生标准。

"察言"还要多留心对方的辅助语、口头语，这往往是一个人的性格密码。例如刘翔的口头禅是"对"，我们可以看出他具有一种很好的"肯定"心态，这样的口头禅可以对自己起到正面的暗示作用，可以让自己更自信，也是对他人抱有善意与期望的表现；而刘亦菲的口头禅是"不知道"，可以看出她的本真一面，也反映她内心的无措，所以用"天真"来做盾牌，为自己开脱，这可能与她很小就出道有关，她有些厌倦现在"过早出名"的生活或者说对人情世故抱有本能的抵触与逃避。

口头禅是一个人长期习惯化了的语言，它在一定程度上已经成了无意识行为，但它又最能深切地反映一个人的思想和态度，能最真实地折射出一个人的处世态度和价值取向，正如心理学认为的，

“无意识的东西往往是最真实的”。所以，在教育中，教师也需要格外留意学生是否有口头禅、有怎样的口头禅。

一个人的语言措词习惯也可以流露出内心的“秘密”，通过分析措辞常常就可以大体看出这个人的真实形象，在这种意义上，正是本人没意识到的措辞的特征比词语的内容远为雄辩地告诉我们其人自身。例如使用第一人称单数的人，独立心和自主性强。尤其在合作学习中，如果学生在汇报集体成果时依然下意识地使用第一人称单数，这表明我们的学生大多缺乏集体意识，个人主义强势。所以，高明的教师在培养学生的团队精神时，先从措辞抓起，让学生在代表小组汇报时能够使用“我们”第一人称复数或“他”第三人称单数。

至此，我们可以知道，不同的人会有不同的说话方式和说话习惯。2008年中国国际工业博览会上，机器人“复娃”引人注目。它由复旦大学计算机系肢体化智能实验室研发，安装了具有识别功能的音频和视频系统，能够“察言观色”，对“主人”的面貌和声音进行辨认。“复娃”可以充当“家庭教师”，提高孩子学习兴趣。

“复娃”的发明给家庭带来了福音，而给学校带来福音的是西班牙卡洛斯三世大学的科学家们近期研发出的一套创新教学系统——增强讲课反馈系统，有了它，即使学生一语不发，教授也可以轻松“看透”学生的心思，实时了解他们的学习状况。

综上所述，我们来一个“情绪连连看”，把面部表情、行为表现、语言表达综合起来考察“人心”——

请你看看以下的几组描述，并将下列的情绪“无聊、紧张、生气、敌意（防御性）、怀疑”配对连连看：

（1）脸部发红、双唇紧闭、手臂或双腿交叉、说话快速、姿势僵硬、拳头紧握；

（2）双唇紧闭、双眉皱起、斜眼看人，翘起一边嘴角、摇头、眼珠子转动；

（3）双臂或双腿交叉、避开对方眼神、呼吸加快、身体面对对方，闭口不语；

（4）眼光游移、胡乱涂鸦、身子往一旁倾以避开某人目光、打呵欠、玩弄纸笔；

（5）眼神乱瞟、姿势僵硬、不停地玩弄或调整纸笔眼镜等、汗流不止、笑得很突兀，抖腿或身体。

正确答案：（1）生气；（2）怀疑；（3）敌意（防御性）；（4）无聊；（5）紧张。

在教育教学中，只要我们多用心，就能深谙察言观色的道理，译码人际沟通的谜题。除了教师要学会对学生察言观色之外，其实我们也应该教会学生察言观色的方法，以利于他们长大后走上社会更好地与人交往。杭州绿城育华学校初二数学教师胡敏明就开设了一门校本课程，教学生“察言观色”——

每天下午最后一节课，是胡老师为学生开设的一门兴趣课，叫作“微表情研究”。2008 年播放的美国电视剧《Lie to Me》，胡老师非常喜欢看，还买来了书，一边看一边对照电视学。“我们当老师的，也要懂点心理学吧。”

胡老师说，人在说谎时，有小的动作，微笑的表情，会在脸上维持十五分之一秒到五分之一秒，“我就觉得，如果教会了学生察言观色，学生就不容易上当受骗了。”胡老师的这门课相当受欢迎，一个星期要上 3 次，“只要学生喜欢，我会多学一点教给他们”。[1]

① 摘自 http://www.jiaodong.net/edu/system/2010/05/01/010824776.shtml。有改动。

儿童每一个不寻常的言行举止都给我们发出了一个他们成长的信号，其背后都是某种心灵世界的折射，如果我们学会了“察言观色”技术，并能够怀有一颗童心，便能从容破译儿童心灵的密码。苏霍姆林斯基说过：“只有那些始终不忘记自己也曾是一个孩子的人，才能成为真正的教师。”

这里，
我们可以得到这样一条
“醒‘师’恒言”：

望闻问切，“望”为首。教师只有学会察言观色，才能更好地明察秋毫、明辨是非，明白学生的真实思想。

05. 教师，为啥要对学生说谎？

有一次，听一位三年级的数学教师的一节《认识小数》，在课的结尾，教师设计了“生活中的小数”教学环节，最后显示的一条信息是“天气预报：明天最高气温 24.6 度”，我听到有学生问：“真的吗？”教师回答道：“当然是真的啦”。

“真的吗？”，学生的这一问让我发现了两大问题：第一个问题，学生为何会对老师的话产生怀疑？经过课后询问当事者，学生的回答是“老师说的不一定都是真的”。我由此推知，教师以前曾经有意无意地骗过学生，并且不止一次，已经让学生有了警惕；第二个问题，这样的天气预报是真的吗？综观生活中的天气预报，限于技术水平，不管是最高温度还是最低温度，还无法精确到小数，预报的都是整度数，只有已经发生了的温度，事后才能精确到小数。我由此推知，这里一个小小的地方，教师竟然说了两次谎，出示生活实例时说了谎，回答学生质疑时又说了谎。

前段时间，电视正在放电视剧《悬崖》，我扫了两眼，听见张嘉译扮演的地下党员周乙说：“在我们这个以说谎为生的职业里，唯一让我内疚的是，对孩子的欺骗。”心里不由一惊，“以说谎为生的职业”已经蔓延到了教育中“对孩子的欺骗”。

在人们的心目中，教师的职业是纯洁的、高尚的，教师是不应该说谎的。教师是人类灵魂的工程师，其职责不仅要教好书，更要育好人。然而，走了许多学校，问了许多学生，发现教师也会说谎。教师的说谎，有着各种场合，有着各种方式，有着各种理由。

教师对学生说谎，有一种理由是为了管好人

小时候，父母经常对子女说“不爱惜粮食，会遭天谴”，吓得我们不敢浪费粮食，还有“多吃鱼籽会变笨”，长大后才知道正确的说法应该是“多吃鱼籽会不利于消化”。“你要做诚实正直的人喔”“这孩子就是太实在了所以总是吃亏”这两句相互矛盾的话都可能是你父母说的。在学校教育中，为了能够管教好学生，教师有时也会像父母一样对学生说谎。例如读小学时，老师告诉我“那条河里有水怪”，吓得我再也不敢一个人走近河边，长大后才知道其实老师是怕我们玩水出安全问题。

这样的瞎说，教师心里是明白着的，蒙在鼓里的只是学生。不过，还有一种瞎说，教师自己也不知道是否真的这样。例如许多教师对我们说“读书读得越是响，记得越是牢”“谁读书读得没了声音，就是不认真”“边读边摇头晃脑，才能读出节奏、读出感觉”，结果害我们嗓子喊得发哑、头摇得发晕。现在才知道这是不科学的，想来也是一种谎言。

有一种谎言叫“说了没做”，于是原来的说辞就成了谎言。其包括两种情形：一是教师懒得做，例如教师为了鼓励学生积极发言，对学生说：“你们回答问题的多少和好坏，我会记入平时成绩的哦”，结果教师装模作样地记了，最后却没有换算成平时成绩；二是教师忘了做，例如教师为了能够激发学生学习的积极性，对学生说：“如果谁表现好，这个布娃娃就送给谁。”谁知，课一结束，教师忘了自己的诺言，抱起布娃娃走出教室。教师忘了，学生可没

忘，曾经看到这样一则教师手记——

今天活动课上，我向孩子们介绍这次活动的内容《涂色游戏》。谁知我还没说完，孩子们就嚷嚷起来："老师你说谎了，你说话不算数。"我不解地问："我怎么了？为什么说我说话不算数？"张靖站起来说："老师请你不要说谎，你不是说今天下午要做小红花吗？"经她这么一说，我也想起来了，上午在上课前，有几个孩子上课注意力不集中，我就随便对他们说，下午我们要做小红花，发给上课认真听讲的孩子，看你们谁能得到小红花，评上好孩子。我只不过是想以此方法来鼓励孩子，保证上课的效率。没想到孩子们却当了真，为了不打击他们的积极性，我马上改口说："对不起了孩子们，是老师说谎了，老师做得不对，我们现在马上做小红花。"孩子们听了，都高兴极了。①

还有一种谎言叫"无计可施"，只能把赌注下在了谎言之上。例如班级中发生"案件"，教师又查不出作案学生时，无奈之下教师会诱骗学生："老师知道事情是谁干的。我手上的名单就写着他们的名字。现在，给这些人坦白从宽的机会。"又如有一位学生与几个好伙伴上网吧被老师发现了，坚持不向老师招供。后来，被老师"你的小伙伴已经说了，现在就看你的表现了"的谎言欺骗了。最终和其他伙伴抄了十遍小学生守则，在班内被批评，几个伙伴也把他当成了叛徒。教师这样的说谎行为在处理学生的思想问题时尤为盛行，说好保密结果不保密，说好保护结果不保护，说好保证结果不保证，不一而足。

① 摘自 http://www.hbrc.com/rczx/shownews-866118-35.html。有改动。

教师对学生说谎，另一种理由是为了教好书

一节课开头的创设情境环节是教师说谎的多发时段，例如在教《分数的认识》一课时，教师常常会用“今天是老师的生日”这样的情境来引出例题中的分蛋糕活动，又如在教《运算律》一课时，教师常常会用“我们学校即将召开体育运动会”情境来引出例题中的跳绳和踢毽活动。实际上，教师所说的生日会和运动会是教师为了设计情境而编造出来的，至于为何要用“自己的生日”和“学校的运动会”，教师的理由是贴近学生的生活的情境学生越会有亲切感。

确实，老师的生日和学校的运动会，学生会更在意。所以，在教学中，教师常常拿自己说事，这样，学生会更容易相信“是真的”。有一位语文教师在教《珍珠鸟》一课时，学生对“珍珠鸟居然落到主人的肩上”表示质疑。为了让学生相信课文表述的“人与动物的情意”，教师用满怀陶醉的神情说：“我小时候也养过鸟，它跟我的感情很好，经常在我的肩膀和手心上玩耍，甚至睡觉也靠在我的肩膀上……”学生啧啧称奇，表示羡慕。这位教师跟同事聊起这件事时，总是开怀大笑，对自己的临场机智十分得意。

教师的说谎有时是无心之过，是善意的，学生也会理解和原谅；教师的有些说谎却是有心之过，如果被学生揭穿和识破，有时虽然也能被学生所宽恕，但更多时候将无法取得学生的信任，这样的结局是最可怕的。

如今，在新课程理念的熏陶下，许多教师已经能够正视并敢于承认自己的无知，这是教师思想的进步。然而，事情没有这样简单，现在有些教师为了能够发挥学生的主体作用，又走向了另一个极端，那就是装无知。例如教师对学生说：“这道题目老师也不会，谁会教教老师呢？”这样的教学策略可能一时奏效，但用多了，终

有一天学生会发现教师其实是会的，说的是假话，学生就有了被欺骗的感觉，以后对教师所说的话不再轻易相信。

谎言一般不会自己说破的，如果教师为了教学的需要而说谎，事后又给学生说明“这是‘剧情’的需要而为之”，这样是否就能消除教师的说谎对学生的不良影响了呢？曾经在四川大学出版社出版的《新课程的故事与解读》中看到这样一节课，教师为了制造教学气氛，别出心裁地采用了谎言导入，在课的最后说破了谎言——

我曾先后两次到同一个教室听同一位老师上课。

一年前，这位教师执教都德的《最后一课》，老师走进教室，没有先上课，而是告诉同学们：“我已经接到学校教导处的通知，从明天起，我将担任另一个班的语文老师，今天是我给大家上的最后一节课。”同学们的情绪一下子激动起来，一些同学开始垂泪、抽泣，都德的《最后一课》就在这样一种惜别的气氛中进行。快下课时，老师说：“上课时我说的到其他班上课不是真的，这是为了让大家更好地的理解文章的背景。”

一年后，我到这个班，恰好坐在上次坐的位置，看到旁边是上次抽泣得最厉害的女孩子。课后，我和她有一段简短的对话：“如果老师现在上《最后一课》，用去年那种方法，你们会哭吗？”

“不会了”。

“为什么？”

“反正不会哭了。”

……

从上述案例。我们不难找到问题的答案，教师的“说谎”教学尽管最后得以说明，但依然会给学生留下不必要的心理阴影。学生的情感不是教学的工具，我们不能随便“玩弄”学生的真感情，学生的感情不容亵渎，教师虽然激发了学生的感情，但欺骗了学生的感情，得不偿失。

在教育教学中，这种不顾学生感情的欺骗何其多。其中危害最大的当属那种教师公开教学生说谎，之所以敢冒天下之大不韪，无非是为了个人利益。例如教师为了让公开课出彩，事先排练学生，甚至约定不会回答的举左手，会回答的举右手；教师为了检查的顺利通过，张贴假作息时间表，事先教给学生说假话；一面教育学生要诚实，一面教他们高考作文如何虚张声势、投机取巧取得高分……

教师对学生说谎，第三种理由是为了露好脸

在教师的心里，无知、无能、无德是为人师者之大忌。当教师出错的时候，教师常常会惊慌和惭愧，首先想到的是极力掩盖自己的失误或者错误，于是一些教师就选择了说谎。例如教师板书写错了字，学生指出错误后，有的教师会这样说谎：“老师是故意写错的，是为了考考大家”，有的教师则更高明，在说谎的同时还表扬了学生：“这位同学真细心，发现了老师专门写错来考大家的字。”有人说，如果找出一项最容易带给人们厄运的人性弱点，那就是拒绝认错。教师的拒绝认错也会“传染”给学生，影响学生的人生观。

又如教师接手新班，遇到学生的名字的字音不敢确认时，常常会采用这样的策略，故意漏下这个名字没点，学生提醒后才故作惊讶，让学生说出是谁。在庆幸教师略施小计过关之余，我们需要思考的是，这样的谎言，瞒得了一时，瞒得了一世吗？曾经听到这样的“续集”，故事的开头同上所述，所不同的是后来学生故意告诉教师错误的读音，老师信以为真，结果被学生耻笑。为什么这个班

的学生不上当呢？原来，以前接班的老师也不认识这个学生的名字，而采用的策略一样，使用的谎话一样，结果教师的伎俩被学生破解，于是这次设计故意出教师的丑。这次，教师骗学生反被学生骗，看来学生也不是好骗的。

现在，青出于蓝胜于蓝的学生很多，特别是高中学生，有时所问的问题已经超过了教师的能力，有时所做的难题已经胜过了教师的水平，许多教师为了面子，不想让学生看到自己的无能，于是往往会选择说谎来拖延或逃避。曾经看到这样一则案例——

晚自修的时候，有一位学生来请教数学题，数学教师一看，一时也一筹莫展，但又不能让学生在旁边发现自己的窘态，于是灵机一动，便问学生"语文作业做好了吗？"要求他先完成语文作业再做数学作业，然后又布置了一番事情让他完成，确保他在自修课上没时间顾及这道数学难题，而教师可以有时间想办法解决。①

德国作家埃里希·凯斯特纳在《开学致词》的演说中曾这样告诉学生："假如教师装作知晓一切的样子，那么你们宽恕他就是，但不要相信他！相反，他若承认他不是一切都知道，那你们要爱戴他！因为他们是值得你们爱戴的。"曾经在《教师博览》原创版上看到一篇题为《我是真的不会》的文章——

一群高中生来问一道数学题，结果我也不会，于是只好求助于百度，只扫了一眼，我就看出了所有的问题都是因为忽略了一条辅助线。突然停电，电脑一下子变成了黑屏。幸好我在关键的时候看到了那条辅助线，稍作思考，就找到了解题方法。

① 摘自 http://www.docin.com/p-383607275.html。有改动。

“老师，其实您早就已经做出来了，故意逗我们玩的吧！”一位学生说。

“您看都没看电脑上的解题过程，就给我们讲得这么清楚，肯定是早就做出来了。”另一位学生说。

“你们知道啥，老师这是在告诉我们电脑不仅可以玩游戏，还可以用来解决数学问题。是吧？”胖胖的男生一副教训人的口气。

我心里一动，这真是一个掩饰自己不会做题的好机会，他们已经替我想好了解决尴尬的退路，何不顺势而下？心里再一动，我是老师呀！面子重要还是真实重要？

“我是真的不会。”我转向他们，真诚地说。

……

教师除了会在知识上“断路”，有时也会在思想上“短路”。凡是思想形态上的故意说谎，一旦让学生发现，将会有损教师的师德形象。例如有一位教师为了表示师生平等，发布了“老师犯错与学生同罪”的宣言。一次，教师上课迟到了，但又不想“与民同罪”，于是就编了一个谎言来博取学生的同情：“刚才某位老师怀疑我们班的卫生没做好。为了不让咱班蒙受冤屈，我与他一起到我们的清洁区去查看。我迟到了，请求同学们的惩罚。”学生听了，连忙说：“不需要罚，不需要罚。”此中，虽然教师通过说谎得以蒙蔽过关，但从此埋下了教育作假的炸弹，一旦被揭穿，后果不堪设想。

美国社会心理学家费尔德曼认为，说谎的动机归为三大类：第一类，讨别人欢心，让人家感觉好一点；第二类，夸耀自己和装派头；第三类，自我保护。由此判断上面所举的例子，我们可以发现：教师创设情境话题时所假设的“假情”，是为了讨学生欢心和让学生感觉好一些，教师遭遇知识难题时所假借的“假意”，或是为了夸耀自己和装派头，教师出现思想问题时所假定的“假说”，则是为了自我保护。

在教育教学中，还有一种“讨学生欢心和让学生感觉好一些”的说谎是教师好心办坏事，在评价学生时不合实际地夸大和抬高。例如在课堂教学中，我们经常听到教师动不动、时不时地表扬学生“你真棒”，至于是否真棒，有时难以让同学信服。所以，赏识教育也应该有理有节，对学生缺乏真实的表扬，是一种不负责任的表扬，是一种“讨学生欢心和让学生感觉好一些”的欺骗。

谎言有毒。教师对学生说谎，是教育的一颗毒瘤，不管教师出于什么理由。有人说，在很大程度上，学生的说谎是教师教会的。这样的“怪罪”是很严重的。铁凝在《一千张糖纸》的文章中写道：“孩子是可以批评的，孩子是可以责怪的；但孩子是不可以欺骗的，欺骗本身是最深重的伤害。”卢梭也说过：“做老师的只要有一次向学生撒谎撒漏了底，就可能使他的全部教育成果从此为之毁灭。”

不过，教师不是圣人，如果不小心对学生说了谎，就应该敢于承认并及时改正，学生是不会由此而小看教师的。马南邨在《燕山夜话·珍爱幼小的心灵》中写道：“曾子的妻子，同样因为无意中说了一句哄骗孩子的话，曾子就特地杀了一口猪，表示不欺骗孩子。”这为人之道，值得教师学习。

这里，
我们可以得到这样一条
“醒‘师’恒言”：

教师说谎比学生说谎更可怕，因为听你话的是一群人；教师职业比医生职业更危险，因为听你课的是一批人。

06. 教师犯错，会被学生笑话？

对于学生的错误，我们提倡教师要包容。那么，对于教师犯错呢？在教师的意识中，教师是真理的化身和知识的权威，是不会也是不能犯错的。教师如果犯错，就会感到无地自容，似乎有损师道尊严，被学生笑话。记得我初为人师的时候，特别怕自己在讲课中出错，总想着当老师就得有权威，不能在学生面前丢丑，就算是一句口误，也会让我耿耿于怀。

而如今对教师的评价标准似乎也不允许教师犯错，如果教师做错了一件事、说错了一句话、写错了一个字、算错了一道题，就会给实施评价的学校领导或教师留下不好的印象。如果无意中犯了科学性错误，哪怕对学生当下的学习影响甚微，或者过后已经纠正，那也只能一票否决。在此近乎苛刻的要求下，当教师真的犯错后，教师对待已经发生的错误要么掩盖、要么掩饰，其方式通常有以下几种：

一是转移视线。当教师先于学生发现自己犯了错误时，教师往往会找借口转移学生的注意力，在学生毫无察觉的情况下，将错误的地方偷偷地改正过来。

二是拒不承认。教师对自己犯的错误矢口否认，不敢面对，或者将其称作口误、笔误，或者将其归咎为外部原因。如果学生当面指出教师的错误，教师会很不高兴，甚至会挖苦、讽刺、打击学

生。（详见本书《教师，为啥要对学生说谎？》一文中相关内容）

三是胡乱辩护。在课堂教学中，特别是在注重生成性的课堂中，教师有时会因为某方面知识的缺乏或者思考不充分、不全面而做出错误的判断、得出错误的结论，当学生指出来时，有的教师就会胡乱辩护、信口开河、混淆是非，以致出现“指鹿为马”的闹剧。

四是轻描淡写。在课堂教学中，有时教师会对自己犯的错误进行“淡化”，如“这是一个小的错误，改过来就行了”“这个错误不算什么，没什么大不了的”等等，而对学生的一丁点儿错误却死揪不放。

五是自嘲幽默。大多数情况下，教师在意识到自身的错误或被当面指出错误时，会感到尴尬、紧张、着急甚至害羞。在情急之下，一些教师会“急”中生智，表现出教育的智慧和机智，如用诙谐的话语自嘲、幽默，给自己台阶下。这样的教学机智虽然暂时为教师解了围，但是，教师并没有抓住这个教育的契机，激发学生的思维，点燃学生智慧的火花，浪费了重要的课程资源。

教师群体和教师自己都忌讳教师犯错，那么在学生心目中，又是怎样看待教师犯错的呢？是否难以宽恕？是否被学生认定为“不好的老师”？

法国作家雨果说：“尽可能少犯错误，这是人的准则；不犯错误，那是天使的梦想。”现在许多人已经把教师看成了天使和圣贤，不能犯一丁点儿错。其实，教师也是凡人，凡人就会犯错。而且教师这一职业在一定程度上比一般人更容易犯错。社会的复杂、知识的复杂、学生的复杂，让教师很是操心，有时就想不周全，加上压力很大，身处紧张的环境人就容易出错。

例如课堂教学中，教师常常需要一心几用：虽然口中朗读着课文，但心里还在想着下面的教学环节；一会儿用教具演示，还不能忘记等会儿的板书，然后还要牵挂之后得赶到另一边按投影的电脑键盘；一边在黑板上写着字，一边还在提防着学生是否趁自己转身板书的时候做小动作……如此心顾几头、分身乏术，也就很容易说错话、写错字、做错题。所以，对教师出现的错误，我们应该用平常心和理解的态度去面对，不要一味求全责备，甚至粗暴地认定是教师素质低下。

实际上，教师的犯错反而更容易让学生感到师生之间的“平等”。学生看到教师是与自己一样也会犯错的平常人，这样可以消除学生对教师的畏惧感，促进融洽的师生关系的建立。只要教师勇于承认错误并承担犯错后的后果，“老师犯‘法’与学生同‘罚’”，让学生由此看到教师的真诚。曾经在《思想理论教育》2013 年第 4 期上看到山东肖永春老师写的一篇题为《教师犯错也该罚》的文章——

前一段时间，教室地面很脏，常常有纸屑等杂物。为了改变这种现状，我跟孩子们约法三章：今后谁弄脏了地面，就罚谁打扫一周卫生。“章程”一出，就有几名学生因违规先后受到处罚。从此孩子们的卫生意识增强了，班级卫生状况日渐好转。看到这种状况，我暗自得意自己的这一妙招。但不久，这一妙招，却让我也尝到了“苦头”，令我尴尬万分。

那是一节科学课，我给孩子们做完了演示实验。实验很成功，我一直沉浸在成功的喜悦里。快要下课的时候，我无意中将实验中用过的几张纸片扔到了地上，然后收拾实验器材，准备离开教室。

“报告！”一个学生开口了：“老师，您不该将废纸扔到地上！”“老师您不讲卫生，按照班规，您该受罚。”另一个学生接着说。哦！我恍然大悟，想起了曾经的约定，连忙诚心诚意地对孩子们说：“马谡失街亭，诸葛亮还要自贬三级。老师今天犯错了，就该受罚。”话虽这么说，心里却不是个滋味，我感觉脸在发烧，羞愧难当，匆忙离开了教室。

至此，我每天下午放学前都准时来到教室打扫卫生，每次都特别认真、特别仔细。我将教室每一个角落都打扫得干干净净，还将桌凳排得整整齐齐。每次我打扫卫生时，孩子们都会认真地看着我，也总有几个孩子过来帮忙，我总是说声“谢谢”，委婉地拒绝了他们。

一周结束的时候，我对孩子们说：“按照规定，老师受罚打扫了一周卫生，你们还满意吗？”话音刚落，教室里就响起了一片热烈的掌声。

接着孩子们一个个站起来发言：“老师，您说话算数，犯了错甘受惩罚，很讲诚信。”“老师，您打扫卫生很投入、很专心，您认真做事的态度值得我们学习。”“老师，您处事公道，不摆架子，跟我们平等相处，我们服您！”“老师，我们今后力争少犯错误，多为班级做好事，因为班级是我们大家的。”……

教师犯了错受罚，没有一个学生责怪、嘲笑，反而真诚地称赞，由此可知，教师完全没有必要担心自己的犯错会被学生笑话，相反还能带来特定的教育效果，那就是教师“以身试法”后的“以身受罚”，对学生来说起到了一个身教作用。教师犯错后的及时改错，不但没有损害教师在孩子们心目中的形象，反而使教师的形象变得高大起来。孔子说过：“君子之过，如日月之食焉。过也，人皆见之，改之，人皆仰之。”由此，教师犯错后，只要改之，学生亦仰之。

在此，我又想起有一位体育老师在上课时接了手机，完事后看到学生一脸的不满，才想起自己违反了教师职业规定，于是真诚地向学生道歉，结果没想到学生的态度来了个一百八十度的转变，学生们连说“没事”，还有的学生反而为教师开脱：“每个人都会犯错的，老师也不是故意的。”还有一个学生说：“老师的手机音乐真好听，正好让我们休息放松一下”。你看，我们的孩子多么善解人意，一点都没小心眼，当教师犯错后，尚能为教师的犯错找出这么美丽的理由，由此想到，当学生犯错时，我们的教师为何不能为学生的错误找到美丽的借口呢？！ 原谅别人的错误，是一种美德。

把场景切换到知识教学，如果教师犯了知识上的错误，学生又是什么反应呢？

我刚参加工作不久，一次上公开课，看到有很多老师坐在教室里，我很紧张。在做练习题时，我请一位同学说解题过程，由我在黑板上写。学生在做题的过程中有一步忘了变号，由于紧张，我也没有发现，继续写下去。算到最后时才发觉，结果与心中已知的答案不一致，看看题目，我发现不了错在哪里。我一时僵在那，不知如何是好。这时，一位同学小声说：“老师，第二步错了。”我立时窘得脸红心跳，恨不得找个地缝钻进去。我努力控制住自己的情绪，说：“我们一起重新计算一遍，好不好？”学生们立即都睁大了眼睛，全神贯注地跟着我一步步计算出正确结果。那节课是怎样结束的我都不知道。过了一段时间，在与同事聊天时，她谈起了听课感：“那次连续听了好几节课，真有些疲劳。别说，你做题时出了点错，倒使我记住了你讲的内容。”说者无心，听者有意，联想到那次课后作业的正确率很高，说明学生也有同感。

教师出错，学生反而更用心，其中的道理，我们可以通过下面的一则故事来体会——

从前，有家客栈叫“银星”。店老板竭尽全力把客栈布置得很温馨，并为客人们提供优质服务，收费也很公道。老板想以此吸引顾客，但不知为何，还是入不敷出。绝望之下，他只好求教于一位圣人。

圣人说：“你必须改改店名。现在你必须叫它‘5个铃铛’，然后在门口挂上6个铃铛。”

“6个铃铛？太荒谬了，这样做能有什么好处？”

“你试试就知道了。”圣人微笑着说。

无奈之下，店主只好一试。结果是：每个路过客栈的旅行者都会走进店里，指出这个错误，他们都认为别人没有注意到这个小错。而一旦他们走进客栈，便会被里面的设施和服务所吸引，就会留下来歇息一晚，这样就给店主带来了梦寐以求的好运。

世上没有什么比纠正别人的错误更让人高兴的了。学生也是如此，特别是纠正教师的错误，特别开心，更能让他们感到有面子、有水平，当然也能顺便“报复”一下平时总是教师纠正自己的错误，心理有一种平衡，于是也就特别用心。要能找出教师的错误，学生必须集中注意，要能纠正教师的错误，学生必须充满智慧。最近看到《新课程研究》这本杂志的编辑竟然把校对稿发到QQ群里让读者审读，如果找到5处文字错误、语法错误或思想错误，就奖励一台学习机，这不失为高明之举，读者要能找出错误就不得不认真并仔细地阅读。

所以，高明的教师不怕自己犯错，相反，他们还会故意犯错，以吸引或提醒学生的注意。正如上述故事中“5个铃铛”的错误可以吸引顾客走入客栈，教师也可以利用自己的故意出错吸引学生走入新课，这一点，李镇西老师就曾经做过——

李镇西老师在教《在烈日和暴雨下》一课时，板书课题时故意把“在烈日和暴雨下”写成“在暴雨和烈日下”，刚一写完，学生就嚷起来：“错了，错了，应该是‘在烈日和暴雨下’，老师，您刚好写反了！”

听到学生们激动的声音，李老师真是高兴，但是故意不认错：“我没有错！是的，我写的课题是和书上不一样，但意思都是一样的。你们看，‘烈日和暴雨’是什么短语？”他有意引学生“上钩”。

学生异口同声地答：“并列短语”。

“对了！”他很得意地说：“既然是并列短语，那么连词前后的部分并没有主次之分，当然就可以颠倒一下啦！”

“不对！”一位女同学似乎有些激动，她说着便站了起来，“题目名为‘在烈日和暴雨下’而不是‘在暴雨和烈日下’，是有道理的！因为课文先写的是烈日，后写的是暴雨，这既是天气变化的顺序，也是课文的大体结构。怎么能够随便颠倒呢？”

当学生的智慧灵光的火花被点燃起来后，李老师故做恍然大悟状：“嗯，同学们言之有理。看来，‘烈日和暴雨’还真不能颠倒。好，我接受同学们的看法。谢谢同学们！”①

这种利用教师出错的新课导入方法，我也曾经做过。在教《加法交换律》一课时，我在介绍了生活中的交换现象之后，故意在黑板上把“交换”写成了“换交”，果然有眼尖的学生发现了我的错误，我借机问学生：“两个字的顺序怎样处理就可以改过来了呢？”学生异口同声：“把两个字交换一下”。你看，在这里，再一次用到了“交换”，学生对“交换”的记忆怎能不深刻！

---

① 摘自 http://www.jxedu.gov.cn/zwgk/jyqkxb/2010/10/20101003114153256.html。有改动。

如上所述，教师的故意犯错，可以犯在知识的开始处，把学生的思维引向“一处”；教师的故意犯错，还可以犯在知识的开放处，把学生的思维引向“几处”。下面的教学案例就因教师的故意犯错而精彩纷呈——

在教《一个数是另一个数的几倍》时，我设计了这样一道题，要求学生说出下列两种图形的倍数关系：

○○○

□□□□□

（　）是（　）的（　）倍。

题目刚刚出来，学生就大喊：“题目错啦！题目错啦！”“这题不好做！”“是吗？那怎么办呢？谁来帮帮我？”我故意引导学生弄清两个数之间的倍数关系，学生一听说要帮老师，二年级小学生的兴趣一下子被激发了起来，他们个个跃跃欲试，想出了各种办法。

方法1：再添上一个□。

○○○

□□□□□□

□是○的2倍。

方法2：再添上2个○。

○○○○○

□□□□□

□是○的1倍或○是□的1倍。

方法3：去掉2个○。

○

□□□□□

□是○的5倍。

方法 4：不增加也不减少图形的个数。

○○○

□□□□□

□是○的 1 倍多 2 个或□是○的 2 倍少 1 个。

多么富有创意的方法，学生的想象力真是不可估量！他们不仅从不同的角度思考问题，而且用多种方法解决了问题，而这源自教师的故意犯错——少画了一个“□”。学生通过这道题的练习，彻底弄清了两个数量之间的倍数关系。[①]

由此可见，教学“知错犯错”艺术是指教师对于教学中的错误“明知故犯”，创设一种矛盾氛围，以引起学生的注意和质疑，然后通过师生互动讨论，澄清错误，最终使学生和教师在对错误的澄清过程中加深对所学知识的了解。教师的“犯错”并非教师权威的弱化，也非教师知识能力水平的下降，相反，它更需要教师敏锐的洞察能力和精湛的表演能力以及智慧的教学机智。教师只有细心观察学生，了解学生学习中的重难点，把握学生学习中常见的错误，才能在主要地方“出错”，从而引起学生的注意与共鸣。教师故意出错艺术并不是随意应用的，也不是毫无规律的，而是有法可循的。

第一步：教师的“不错”是为了学生能“捕错”

知识在第一次呈现在学生面前时要正确、完整，因为第一印象很重要，学生还没有掌握的知识，不能有丝毫的偏差，这是学生发现教师错误和纠正教师错误的基础，必须扎实可靠。所以，在新授刚刚结束之时，一般不提倡立马进行判断或改错等“反例”练习，

① 杨振君 . 教师犯错［J］. 江苏教育，2007（6）.

还是放在“正例”巩固之后比较妥当。

第二步：教师的“诱错”是为了学生能“友错”

我国著名教育家梁漱溟曾说过：“最有学问的人，就是最能了解错误来源的人。”美国物理学家约翰·惠勒也指出：“所谓专家，就是一个凭借他辛苦得来的经验，了解自己领域中几乎所有可能错误的人。”教师就应该是这样一个最有学问的专家，能够依靠自己以往的教学经验知道学生可能会在哪里犯错、犯怎样的错误以及哪些学生可能会犯怎样的错误。

马克斯·范梅南在《教育的机智——教育智慧的意蕴》一书中有一个引人思考的教学隐喻：“为了来学校学习新知识，学生需要路过一些障碍（比如说一条街）才能来到教师的身边（学校）。但是一个接近孩子体验的老师可能会意识不到这个学生仍在试图‘从街道的另一边’来理解事物。许多教师简单地期望学生能走到教师身边来……一位机智的教育者认识到要跨过街道走过来的不是孩子，而是老师。教师必须知道‘孩子此刻在哪儿’‘孩子是怎样观察事物的’，这个学生从他自己的角度遇到了什么样的困难，因而不能跨过街道走进学习的领域。教师应该站在孩子的身边，帮助孩子认识要跨过去的地方，为孩子寻找有效的方式，帮助孩子顺利走到另一边来，走到这个另外的世界中来。”其中，教师要能够知道学生“走不过来”的原因以及能够找到学生“跨不过去”的地方，那么有一种“有效的方式”就是诱导学生出错。教师需要“违反”许多人所认为的“教学要防止学生出错”的思想，在知识的关键之处故意设置“障碍”或“陷阱”，有意诱导学生犯错，让学生在摔跤中长大。在音乐界有这样一个故事，可以给我们的教育一定的启发——

世界著名指挥家小泽征尔在参加一次世界性的比赛时，曾连续三次中断了指挥，因为他认定乐谱中出现了错误。其实，这正是评委们故意设下的陷阱。事实上，对这个陷阱的大胆否定，正验证了小泽征尔作为音乐指挥家的真正实力。

教师有一种故意犯错也就是在设置一些这样的“陷阱”，诱发学生犯错，从而让学生能够吃一堑长一智。有此经历之后，学生的选择、辨析、批判能力将会得到很大的提高。在认识到犯错的价值之后，学生以后也就不会害怕出错，反而会视错为“友”，从错误中学习。

第三步：教师的“故错”是为了学生能“顾错”

在这一过程中，教师所要考虑的就是如何巧妙地、不留痕迹地将错误传递给学生，同时还要考虑如何引起学生的注意，如何一步步地引导学生参与到错误澄清的过程中来。这一阶段是对教师表演技能的一次考验。学生是有单独生命的个体，在面对教师的错误时，他们惊讶“教师也会犯错误”，暗喜教师“也有输给我们的时候”。如果教师的错误带有明显的人工痕迹，学生不仅不会积极回应，相反还会觉得老师是在耍弄自己，这样就会对教师产生反感。所以，在“犯错”时，教师要表现自然，好像是不经意将自己的弱点暴露出来似的，但这种表现又不能太过含蓄，以免学生不易发现错误。

教师让自己的错误暴露在学生的视野之中，使学生顾及了教师的错误，这只是第一步，如果学生对勇于指出教师的错误有所顾忌的话，那一切都是无用功。在很多情况下，学生怕指出教师的错误遭到教师的批评和报复，不敢指错，所以为了避免出现这样的情况，在日常的教学生活中，教师就应该以虚心的态度对待学生的指错。这样学生在几次指错之后，发现教师不但没有生气，反而乐此不疲，也就消除了对老师的芥蒂。

第四步：教师的“洗错”是为了学生能“析错”

如果说教学“知错犯错”艺术是一部舞台剧，那师生共同纠正错误就是这部舞台剧的高潮部分。在这一阶段，师生之间的角色得到了互换和升华。教师为了能够“洗清”错误，一般都会装糊涂，急切地要求学生“分析”错误，此时学生的主体作用和主持能力得到了充分发挥，课堂真正交给了学生。教师错误“洗清”的过程，也就是知识重点或难点讲清的过程。

此中需要注意的是，教师的错误并不是重点，重要的是教师要在学生的纠错中分析错误的思维过程，与学生一起澄清错误认识。面对学生的指错，教师并不是立刻承认错误，而是要求学生给出证明，验证学生的思路，之后教师就要对自己的错误思路进行分析，在这一过程中，教师要考虑的当然不是自己错误的“洗清”，而是引起具有相同错误的学生的共鸣：“我的错误思路是这样的，原来我错在了这一步上。”“有谁跟我错得一样呢？”“记住我们的错误，以后可不要像老师一样犯此类错误了。”“还有其他类型的错误吗？可以拿出来与大家共同讨论。”

由此可见，让学生纠教师的错，可以激励学生自主学习、培养学生的自信和批判精神。哈佛大学心理学家威廉·詹姆士研究发现，一个没有受激励的人，仅能发挥其能力的 20% ~ 30%，而当他受到激励后，所发挥的作用相当于激励前的 3 到 4 倍。鼓励学生在课上多发表自己的见解，是激励学生自主学习的一种方法。有的同学自尊心很强，没有绝对的把握轻易不肯发言，生怕自己答错了，老师和同学笑话他，当看到老师都不怕学生笑话、勇于承认错误时，这部分学生也就敢于说出自己的想法；有的同学思维比较敏捷，做题很快但常常不求甚解，“纠错”使他们能更注意细节，全面掌握知识；有的同学不爱学习、上课“溜号”，平时都是老师找他们的错，现在给了他们挑老师错误的权利，自然满足了他们小小的虚荣心，当然不会放过这个机会，也就能够敢于站起来向教师说“不”。

最后，我用一则寓言来作结。普通人问圣人：“世间什么最贵？”圣人回答：“错误。”又问：“何物最便宜？”圣人仍答：“错误。”我个人认为，圣人之所以说“错误最便宜”，是因为谁都会犯错，这是正常人的正常事。所以，在教育教学中，教师无意犯错实属正常。圣人之所以又说“错误最贵”，是因为错误往往是真理的先导。错误与真理构成认识过程中的一对矛盾，它们的对立既是绝对的又是相对的，并在一定条件下相互转化。人们认识的任务在于把握真理，但人们对真理的把握有时是在一系列相对的错误中实现的。所以，在教育教学中，教师利用犯错也属正道。

这里，
我们可以得到这样一条
“醒‘师’恒言”：

教师不必为无意犯错过分自责，因为学生不会盯着你不放。相反，有时教师要学会“犯错”，让学生盯着你不放。

07.“言传”与“身教”，教师都做好了？

在杭州网上看到一篇题为《宁波北仑最牛司机跟踪拍摄交警没系安全带》的报道——

2013 年 6 月 19 日，丁先生开车违规被交警罚了 100 块。交完罚款，他感觉交警开车没系安全带，于是尾随警车 1 公里，用手机录像，作为证据投诉。当天下午，处罚丁先生的交警也吃了一张罚单！

身为交警，知法犯法。谁料现在的老百姓已经难被糊弄，他们的眼睛雪亮着，法制意识也在不断增强，也敢于取证举报，这是这位交警所没有预料到的，因为当时被丁先生录像后，还很无辜地问“你什么意思啊？”，由此可见他根本没想到老百姓会维权。

在学校中，教师是正常教育教学秩序的执法者。那么，在执法中，教师是否也存在这样的霸道现象？教师在教育学生时，是否也做到了以身作则呢？如果教师没有做到以身作则，学生会有怎样的反应？下面一个关于易拉罐的故事，可以告诉我们答案——

下午考的是中学政治科目。铃声响起，考生立马进入考场，也就是原本自己学习的教室。

可是，初三（2）班却并不那么安顿，有几个小脑袋透出门窗在向外偷觑着。原来，教室外面的走廊中间躺着一只喝空了的易拉罐。看来，是那些“捣蛋鬼”有意放的。

第一个监考老师走过，发现了地上的易拉罐，但他从旁边绕道而行；第二个监考老师走过，注意了，但她只是轻轻地跨过易拉罐，扬长而去；第三个监考老师走来，没注意，但正巧踩在易拉罐上，“啪”的一声着实让她吓了一跳，圆滑的易拉罐险些让她摔跤，惊魂的一幕，让她暴跳起来，她狠狠地把易拉罐踢向远方，“哗啦啦”地滚到走廊的另一头。

这些政治教师后来才明白，那只易拉罐竟然是学生给他们出的一道试题，这三位教师的表现无疑在学生的眼中都打了“不及格”，更可怕的是，这些教师以后在上面宣讲做人的道理时，效果可能会大打折扣。

从上述故事中，我们可以看出教师的身教何其重要，学生很在意，同时又可以看出教师的身教何其虚弱，教师不在乎。师生之间巨大的行为背离和由此形成的心理反差，让我们看到了教育的不一和教师的不足之处。

在教育中，“言传身教”，无人不知，无人不晓。然而，每一个教师都应该扪心自问：“言传”与“身教”，都做好了吗？或许，在教师的眼里，更重视“言传”，更愿意“言传”。那么，为什么教师更热衷于“言传”呢？一是因为说教要比身教更容易，二是因为说教要比身教更见效。具体而言，教师身上存在着以下问题：

一是教师放不下自己的身份

在一般人眼里，认为“说”高人一等，“做”低人一等，高高在上者大多动口不动手。而教师也往往有着这样的“封建思想”，认为自己地位理应高于学生，是“教”师——“教学生去做”，是“叫”师——“叫学生去做”，学生应该听命于自己，而自己只需要发号施令，于是就不愿意亲力亲为。比如教育学生捡拾校园中的废纸一事，教师就不愿意“身教”，而喜欢“言传”，宁愿上台大费口舌，也不愿上前弯腰一捡。殊不知，身教的效果要远远胜过说教。

身教的效果润物细无声，学生受用终生，而说教却很容易招致学生的反感。原因有二：一是言多必烦。学生听多了教师过多的话，心理就会产生抑制和排斥，教育教学效果反而受阻；二是言多必失。教师说多了就可能会说出一些不该说的话，出现好心办坏事的结局。在《爸妈听我说》的孩子心声中有一条是“请不要 101 次告诉我，某件事应该怎么做”。明代思想家李贽曾经这样说：“动人以言者，其感不深；动人以行者，其应必速。”所以，我认为，“身教”应该成为教育的首选。

二是教师放不低自己的身段

教师的高高在上很容易让自己成为一个脱离学生的人。其实，有一种教育方法就是教师放低身段，把自己置身于学生之中，让自己成为学生中的一员。教师与学生一起做事、一起学习，将会成为校园中一道美丽的风景线。

作为教师，你可以叫家长把孩子送进学校，你可以用教鞭把孩子赶进教室，你可以提着嗓门拉住孩子的注意，你可以瞪着眼睛监督着孩子的学习……但它们远不及通过你的身体力行带动学生来得高明。比如教育学生要多读书，是众多教师的心愿，然而，你的谆谆教导或许还比不上自己与学生蹲在一起读一次书，更能让学生感同身受。

一次，俞敏洪在家做了一个试验，要求爱人和女儿一起跟他看书。一开始，儿子一个人在边上玩，最后玩着玩着发现一个人特没劲儿，便也从书架上拿了一本书装模作样地看起来，尽管儿子当时还不识字，看不懂。“这就叫环境氛围。”俞敏洪说。

在《爸妈听我说》的孩子心声中有一条是“你们就是我的榜样啊，所以你们的表现真的很重要”。是啊，环境影响人。教师就是环境，因为天生的向师性会吸引学生围在你的身边。作为教师，一个重要的职责就是要用你的“身教”营造一个引导学生积极向上的环境氛围。例如有一位语文教师现身说法，用实际行动引领学生成为“读书人”——

一下课，我便捧着一本《青鸟》走进了教室，找一个座位“旁若无人”地读了起来。一会儿，周围聚拢了一群好奇的小脑袋。上课铃响了，可我却仍端坐“忘我”地读着，似乎并没有听到那响亮的铃声。“老师，上课了！”班长小声地提醒我。我连忙装作一副“恍然大悟”的样子站起来，“同学们，对不起！刚才那本书太精彩了，我忘了时间……”“老师是书迷！”不知谁嘀咕了一声。

第二天，我又在教室内开始了四处“借书”：“同学们，老师特别爱看书，如果谁发现哪本书特别好看，请推荐给老师，好吗？”“好！”孩子们立刻兴奋地高声喊道。之后我的学生掀起了读书热。[1]

对引导孩子读书，童话大王郑渊洁也有着切身的感受：“很多父母很想培养孩子看书的习惯，有时候也问我。我说，你回到家就看电视吧？从来就不当着孩子看书吧？你只要当着孩子看书，孩

① 朱连清. 课外阅读那些事儿［J］. 湖北教育（教育教学），2010（1）.

子马上就看。身教太厉害了，孩子的毛病都是从大人、老师身上学的。你要看着他有毛病，自己先改就行了。”

三是教师放不正自己的身姿

郑渊洁最后一句话“孩子的毛病都是从大人、老师身上学的。你要看着他有毛病，自己先改就行了”还在提醒我们：教师必须身正为范。俗话说，正人先要正己，“你要让他这样，首先自己先得这样”，这是“身教”的关键。曾经看到一则题为《圣人的告诫》的心理寓言——

一位母亲带着儿子去见一位圣人。母亲相信，儿子只听这位圣人的话。见到圣人后，母亲急切地告诉圣人：“请您告诉我的儿子，不要吃太多糖！”

圣人思考了一会，说：“一个月以后您再带孩子来吧！”

一个月以后，这位母亲果然再次来到圣人的面前。

“您应该记得我吧？一个月以前我们见过。”

“当然。”

“能否告诉我儿子，不要吃太多的糖。”

圣人让这个儿子走上近前，认真地说：“不要吃太多的糖！”

母亲问：“就这样了？”

“就这样了。”

“那当初为什么要让我们一个月以后再来呢？”母亲不解。

圣人说：“一个月前，我也吃太多糖了！”

这则心理寓言告诉我们：对他人提建议、提要求的时候，若我们自己做不到，那么，建议通常不具有说服力。教师是学生心中的

“圣人”，应当深思其中的道理。传而不习，行而不远。然而，许多情况下，我们会感觉很难，因为这需要持之以恒，一次的“不这样”就可能导致前功尽弃，还会让孩子感觉你的作假。

在平常教育中，教师“身不正”的表现大致有二：一是言行不一。嘴上这么说，但行动上自己却没做到。例如文章开头的那个故事中，教师平时一定会教育学生看到废物要自觉捡起放到垃圾箱中，但自己却没有做到。又如你教育学生做广播操的时候要认真，但自己在做教师广播操的时候却那么懒散；再如你教育学生字要写工整，但自己的字却写得那么潦草；二是心口不一。嘴上虽然这么说，但心里却不是这么想。例如前述教育学生捡拾废物一事，有的教师是因为等级思想而不屑亲自动手，而有的教师则属于心底里认为此事无关紧要，而不愿亲自动手，嘴上说的仅仅是表面文章。又如你教育学生要做老实人，但心里想的却是老实人要吃亏。再如你常对学生说“劳动最光荣”，但一旦学生犯了错，你却让他去劳动改造。

教师的“为人师表”，不在于他如何一表人才、如何一本正经、如何一倡百和，而在于他无论何时无论何地总能做到以身作则。否则，就会应了郑渊洁的话——“孩子的毛病都是从大人、老师身上学的。”不信，你瞧！在教室中，我们经常可以看到，那些“小老师”们学着自己教师的模样，对不听话的同学“瞪眼睛，拍桌子”的场景。所以，有人说，教师是学生的镜子，学生是教师的影子，此言不差。

四是教师放不开自己的身手

如果一个教师既具备德高，又具备学高，还具备艺高，在学生的眼里，他既是思想高尚的“圣人”，又是水平高超的“神人”，那么他的“身教”将会具有巨大的影响力。

德高的教师是一面旗，会让学生感念。“老师的言传身教，让我终身受用。”在2004年天津市数学会年会上，国际数学大师陈省身先生深情地回忆起早年留学法国时的恩师E.嘉当。半个世纪过去了，他对老师的感激与追慕之情依然溢于言表。嘉当一生潜心于教学和研究，淡泊名利，在老师的濡染下，陈省身在微分几何领域不懈地进行突破和创新，并以九十高龄亲自为本科生上课。

学高的教师是一本书，会让学生感悟。抗日战争中，有一天国民党元老陈铭枢请学者熊十力吃饭。熊十力面对长江大发感慨，而陈铭枢只是看着熊十力。熊感到奇怪，说这么好的风景你怎么不看？陈答曰：“你就是最好的风景。”是啊，一个有学养、有精神、有趣味的教师，本身就是校园里最为亮丽的风景。对于学生来说，不仅读着书本，也读着教师，读着教师做人、做事、做学问的态度和方式。苏霍姆林斯基在《给教师的一百条建议》中指出：“如果教师的智力生活就是停滞的、贫乏的，在他身上产生了一种可以成为‘不尊重思想’的征兆，那么一切就会明显地在教育教学工作中反映出来……学生也就不尊重教师，更加危险的是，学生也像教师一样不愿思考。”由此我想说，教师要成为一个思想者，学生才会时时思想着。

艺高的教师是一首歌，会让学生感染。我读师范时，教我们数学的老师是一个篮球高手。有一次，他在板书时粉笔意外断落下来，快要落地时，他用接球的姿势轻快地截住粉笔继续板书，这一瞬间的动作让我目瞪口呆，好厉害啊，自此我带着一种崇拜的心情虔诚地听着他的课。教师的身手不凡给我的直感是这个老师错不了、跟定了，事实证明，他的确是个好老师，后来被评为江苏省特级教师。还曾经在杂志上看到这样一个案例——

一位数学教师矮矮的，其貌不扬，课上也没有什么精彩的表现。学生都深感失望，因而上课时总打不起精神。但有一天，他们都被她震住了。那是在学《圆的认识》时，只见她双腿分开，半蹲着，“唰”的一声，用粉笔在黑板上徒手画下了一个非常标准的圆（课后学生用圆规去量，几乎分毫不差），他们惊呆了。此后，学生在课间都模仿着老师画圆的动作，并因对老师的敬佩而渐渐地喜欢上了数学……①

由此可见，教师的好身手也是“身教”的好内容。教师在教学中大显身手，会让你的教学增色不少，会让你的学生钦佩之至。在校园中，有时只需要听一听学生的讲话，就知道是哪个班的学生，因为那个班有一个喜欢演讲的教师。在操场上，有时只需要看一看学生的活动，就知道是哪个班的学生，因为那个班有一个喜欢打篮球的教师。

教师不能只做经师，更应该成为人师。经师者，偏重“言传”，而人师者，应重“身教”。《说文解字》中说：“教，上所施下所效也。”教育的本真，是仿效。所以，有人说，教育是仿效之学。一个学生毕业后，问问学校里还记得啥？往往恰是教师示范影响的那部分。

这里，
我们可以得到这样一条
“醒‘师’恒言”：

身教重于言传，身教先于言传，身教优于言传。教师形象就是一种最形象的教育。

① 严育洪．突破平庸——提升教育质量的 31 个跳板［M］．重庆：西南师范大学出版社，2010.

08. 教师的辛苦，为何更多的是心苦？

曾经在网络上看到一则题为《教师生活写照》的打油诗，摘取片段如下——

三十分钟，早餐即毕。锅先不刷，碗亦不洗。急急忙忙，就上班去。先去打水，再来扫地。N摞作业，等你去批……阅完作业，再出试题。单元过关，章节测试。昨天月考，今日摸底。期末期中，不计其数……今天出完，明日印出。抓紧考完，加班阅毕。统计成绩，写出分析。谁的第二，哪个第一？张三李四，王五赵七。两次比较，名次何异？课上讲评，面向全体。下课以后，单独找你。排名后退，是何道理？知识水平，心理因素？思想根源，刻苦程度？动之以情，晓之以理……谈话已毕，铃声将起。拿起教案，奔向教室……

上面只是描述了教师生活紧张的一部分，教师的辛苦远不止于此。有一位教师说得更妙，她在个性签名中写道“吸粉，卖声，坐台——这就是我的生活”。是啊，年复一年的“吸粉”“卖声”和“坐台”，让许多教师“卖声”卖出了咽喉炎、“坐台”坐出了颈椎病。

许多教师说，做事只需要多费力气就行，而育人还得多费心思才行。教师的苦和累，更多的是心苦和心累，甚至有时“好心不一定有好报”，比如教师那么卖力地“卖声”，最后学生未必会说你好。此时，教师的心里就会感到很苦闷，自己如此滔滔不绝地“卖声”讲课，怎么学生的学习效果还上不去？自己如此孜孜不倦地“坐台”辅导，怎么学生的学习成绩还提不高？

其实，学生的学习效果、学习成绩并非只是单纯地与教师的拉直嗓子“卖声”、稳定身子“坐台”等苦干成正比的，如果学生不喜欢你这样做，那么教师干得再多再累，苦干也只能是蛮干，低效、零效甚至负效。俗话说，话不投机半句多，就是这个道理。鉴此，教师的心苦，很多情况下不能怪学生不懂自己的苦心，而应该怨自己不懂学生的真心。也就是，教师说得再多，学生愿意听才行，教师坐得再久，学生愿意跟才行。唯有教师说的话、做的事落到学生的心坎里，才能获得事半功倍的效果。那么，在现实教学中，除了“事”源性辛苦，“师”源性心苦有哪些成因呢？

一是不了解学生会让教师教得心苦

俗话说，知己知彼百战百胜。教师要让自己的教学能够在学生的心中胜出，那么就要能够了解自己的学生。否则，就会出现两种困局：一种情况是教师教的能力高于学生学的能力，学生学得吃力，教师也就教得吃力；另一种情况是教师教的能力低于学生学的能力，学生学得乏力，教师也就教得乏力。教师的教要能与学生的学“情投意合”，就必须站在儿童立场，通过课前调研、课中观察、课后反思等途径，设计、调整和研究教学方案，尽可能使教学更贴近学生的实际。具体而言，教师应该做学生的“知心人”：

第一，教师要了解学生“有什么”。也就是教师要基于学生的水平安排教学内容和设计教学活动。教师教学起点的设定，应该考虑学生已有怎样的学习起点，学生学习新知是否有充分的知识准备和心理准备？学生学习新知是否有先期的生活经历和预习经历？学生学习新知是否有足够的探究能力和消化能力？……也就是说，理想的教学起点应该定在学生学习的最近发展区，让学生能够有底气地学习。

第二，教师要了解学生“要什么”。也就是教师要基于学生的需求安排教学内容和设计教学活动。教师教学方式的选择，应该考虑学生需要怎样的学习方式，是自学还是听讲？是接受学习还是探究学习？是集约学习还是开放学习？……也就是说，理想的教学基点应该定在学生学习的最佳活动区，让学生能够有能力地学习。

第三，教师要了解学生“友什么”。也就是教师要基于学生的兴趣安排教学内容和设计教学活动。教师教学情景的创设，应该考虑学生喜欢怎样的学习情调，是故事导入还是问题引入？是独立学习还是合作学习？是静思还是活动？……也就是说，理想的教学动点应该定在学生学习的最强情感区，让学生能够有兴趣地学习。

第四，教师要了解学生“忧什么”。也就是教师要基于学生的困惑安排教学内容和设计教学活动。教师教学重点的安排，应该考虑学生存在怎样的学习困难，教学展开是从教材提出的问题开始还是从学生提出的问题开始？教学路线是放在教材提出的问题之上还是放在学生提出的问题之上？教学评价是看教材提出问题的解决还是看学生提出问题的解决？……也就是说，理想的教学重点应该定在学生学习的最大困惑区，让学生能够有启发地学习。

二是不相信学生会让教师教得心苦

在教学中，如果只把“学生”看作学“生”——“来学陌生知识的孩子”，那么就会认定生不如师。教师不相信学生能够不学就会或者一学就会。在心理上，就会表现为教师不放心学生自己去学习，在教学上，就会表现为教师不放手学生自己去学习。“不放心”和“不放手”的结果就是教师什么事情都包办代替，把知识捣细了、烧熟了、装好了喂给学生。宁可自己喊哑了嗓子，也不相信学生能够自己学好。

在做练习的时候，教师不相信学生的后果就可能导致题海战术。许多教师信奉“宁可让学生重复千遍，也不愿让学生错过一题”和“宁可让学生重做千遍，也不愿让学生错了一题”这样的理念。于是，教师出得多，学生就做得多，教师就批得多。同时，教师出得多，学生就错得多，教师又出得多。许多情况下，“错得多”并不是能力性错误，而是面对如此多的练习题，学生望而生畏或望而生厌所造成的心理性错误，不是思维问题，而是思想问题。而教师只以为是学生没学好，于是又出题进行巩固和强化训练。如此恶性循环，学生不堪其苦，教师同样苦不堪言。宁可自己批本子或者批卷子坐坏了身子，也不相信学生能够自己做好。

三是不吸引学生会让教师教得心苦

如果教师的上课只会用一个调子、一个法子，尽管你喊坏了嗓子，依然喊不来学生学习的热情。千篇一律的教学吸引不了学生，让学生厌倦、不想听，教师又多了一份辛苦，只能用自己的威力逼迫学生听。然而，“强扭的瓜不甜”，失望之余又让教师备感心苦。另外，只注重结论不重视过程以及死记硬背的教学也会让学生感到心苦，无疑，学生的心苦无疑会加重教师的心苦。

要让学生不心苦，要让教师不心苦，办法之一是以教师的教学魅力吸引学生。一个教学有方的教师无疑对学生具有强大的吸引力。我上初一时，数学顾老师有很高的教学水平。我成绩一直很好，也一直认为自己很聪明，一听就会，或者不听也能自学会，所以在小学时就养成了一个不好的习惯，喜欢在上课时偷看连环画和小说，但在顾老师的课上，每每翻上几页就停滞不前了。原因很简单，顾老师上课不仅清楚，不拖腔拿调，而且清爽，不拖泥带水，既能旁征博引，又可收放自如，使我在不知不觉中被吸引了。

一位中学语文教师也具有这样的上课魅力，一般枯燥无味的知识经他讲述就变得生动有趣，学生听后记忆深刻。正因为如此，那个班级虽然其他各科成绩名列榜尾，唯有语文总能名列前茅。学生都说上语文课轻松极了，连极调皮的同学都觉得学习语文真有趣。有了这样的教师上课，学生的注意力能不集中吗？能够让全班学生都听得如痴如醉的教师，才是真正有魅力的教师。再苦的知识，如果教师不苦教，那么学生亦不会学得苦。

四是不关心学生会让教师教得心苦

用高超的教学技巧可以引得学生，用深厚的教师情意更能够赢得学生。前者或许是一时的，学生不久会忘记，而后者往往是一世的，学生永远不会忘记。一个尊重学生、信任学生的教师，身上的人格魅力和人性光辉是无穷的，对学生会有巨大的吸引力。

在教育中，存在着“你对学生好，学生也会对你好”这样的“牛顿定律”。在物理学上，有一个牛顿第三定律：任何作用力，都会有一个与之相等的反作用力。在交际中，似乎也有这样的一个“牛顿定律”：你喜欢别人，别人最终也会喜欢上你；你讨厌别人，别人有一天一定也会嫌弃你。所以，玫琳凯化妆品公司的创始人玫琳凯·艾施就说过，你要想别人怎样对待你，你就必须首先怎样对待别人。今天，你对学生付出美好，明天，学生也会以同样的美好回报你。

一位心理学家发明了一种自测“人缘”好坏的便捷方法。举个例子说明这种方法吧：假如你是一个大学生，在你的寝室里还住着另外 3 个同学，在这个小环境中，如果你想知道自己受欢迎程度如何，你不必委托第三者搞问卷调查，只要问问自己——3 个同学中，我喜欢（或者讨厌）几个人？如果你喜欢的人越多，表明你的受欢迎程度越高，你的人缘就越好；反过来，你讨厌的人越多，你的人缘就越差。同理，如果一个教师想知道自己受学生欢迎程度如何，只需要问自己喜欢学生的程度如何。

心理学家认为，在交际中，人的情感是可以相互作用的：当你真心喜欢一个人，即使你不对他说出来，也没有为他做过什么特别的事，但时间久了，对方就能感觉到，就会以同样的情感回报你；如果你心中很讨厌一个人，哪怕你将这种情感隐匿得很深，从未给对方什么脸色，最终也会被他感知、回击。

教师的工作具有同质转化性，你的品格将成为学生学习和模仿的榜样。教师不仅用自己的学识教人，而且更重要的是用自己的品格教人；不仅通过语言传授知识，而且更重要的是用自己的灵魂去培养品格。即所谓“授业启神智，修德铸新人”。前者使学生信服，后者使学生佩服。是否可以这样说，教师的工作不仅要“教人”，而且要“救人”？

我们或许都有这样的发现，一些老教师，精力没有年轻教师充沛，说话也没有年轻教师气足，设计也没有年轻教师精巧，手段也没有年轻教师先进，一言蔽之，就是上课上不过年轻教师，但学生的成绩却常常不差，这让许多年轻教师困惑不已。如果我们再仔细观察，就会发现这些老教师身边总能吸引那么多的学生围着她、伴着她、跟着她。有时眯着眼睛与学生聊天，有时戴着眼镜给学生辅导。那种慈祥，那种关爱，温暖着学生的心。我想说，在教育中，技巧第二，爱心第一。你对学生好，学生也会对你好。哪怕你的课不那么“美丽”，然而因为你人的“美丽”，让学生喜欢了你，也就喜欢了你的课，这才是真正的教学魅力。

常听许多人说，要让学生喜欢上你的课，只要让学生喜欢上你的人。如果学生天天盼着教师人的到来和天天盼着教师课的到来，有“一日不见（听）如隔三秋”之感，那么恭喜你，你的学生已经迷上了你的人和你的课。

魏巍笔下的蔡老师，对学生充满了深情厚谊。她课上是学生的良师，课下又是学生的益友，与学生打成一片，教孩子们跳舞、观察蜜蜂、朗读诗歌、玩游戏，在学生遇到困难的时候，能及时伸出援助的手，能公平、公正地排除学生中的纠纷。这样的老师，怎能不吸引学生呢？怎能不给学生留下终生难忘的印象呢？正是在蔡老师的影响下，魏巍才接近并爱上了文学。

一位教师刚接手四年级一个班时，师生缺乏理解。教师总是担心学生上课注意力不集中，每讲一个问题总是重复讲述，反复提醒。学生在教师严厉目光下，不敢提问发言，课堂气氛死气沉沉。教师上课觉得非常吃力，学生掌握也不够理想。后来教师反复琢磨，改变方法，对学生晓之以理，动之以情，敞开心扉和学生畅谈了一节课。学生的心结解开后，课堂上敢说敢做，学习积极性高涨，注意力自然而然集中到学习上来了。

由此可见，教师教得辛苦、学生学得辛苦，其病根往往在于心苦，当解开了心结之后，一切都会迎刃而解，一切都将变得美好。我想说，“关心”不是“把心关起来”，而应该敞开心扉，让学生能够走进你的心灵，并能够在你的心里找到家的感觉，久居在你的心间。

前苏联教育家乌申斯基说：“教师的品格，就是教育工作的一切。”他认为任何章程和任何纲领、任何人的管理机构，无论它们设想得多么精巧，都不能代替人格在教育中的作用。只有具有高尚品格的教师，才能激起学生对教师的敬佩、亲近之情，从而在师生间架起一座信任的桥梁，学生把教师当成可依赖可仿效的人，就乐于听从教师的教诲。唯有这样，教师才不会教得心苦，当然也不会教得辛苦。

曾经看到这样一句戏言："有数学老师说减负就是'—''—'，负负得正，所以减负不落实，就等于增负。"我想说，要想真正减负，不是简单地把负担减下来就行了，关键的还在于能够与学生息息相通、心心相印，这样学生学得不心苦，也就会学得不辛苦，同样教师教得不心苦，也就会教得不辛苦。

这里，
我们可以得到这样一条
"醒'师'恒言"：

教师的心苦不在学生对自己，而在自己对学生。把学生放在了心上，学生才会理解教师的苦心，教师才会教得不苦。

09. 教师之责，让学生"好好"学习?

曾经在杂志上看到一篇题为《给孝心松绑》的文章——

一日，与朋友聚餐，邻桌是一大家子，热闹得很。由于桌挨桌，他们的动静，我一览无遗。

儿女们争抢着为一位老太太夹菜。

"妈，这是野生甲鱼，您尝一下。"

"妈，这是蛇肉，您一定要吃。"

"这些山珍海味，都是孝敬您的。"

老太太颤巍巍地用手遮碗："我不爱吃荤菜，只想吃点素的，还是青菜爽口。"可媳妇还是夹起一块甲鱼就往她碗里塞："您这辈子青菜还没吃够？来这里就要好好享受。"老太太只好夹起甲鱼送进嘴。媳妇满意地笑了。可老太太并没把甲鱼咽下去，而是趁儿女们不注意时，慌里慌张地吐到桌下。

上述情节，在孩子看来，自己这么做是让老太太好好吃饭，然而，在老太太看来，孩子这么做是不让自己好好吃饭，角度不同，结果大不同。在生活中，孩子对父母，有尽孝之心是好事，但孝道不是吃好穿好就行的，更不是以己之喜好去度父母之喜好。如果时间回流，相似的场景也同样发生在小时候父母对孩子的宠爱。在教育中，教师对学生，有尽教之心是好事，但教道不是教好道好就行的，更不是以己之喜好去度学生之喜好。如果说老人被子女的“孝心”绑架，那么我们的学生有没有被老师的“爱心”绑架的现象呢？

老师，你让学生“好好”学习了吗？看到这个问题，你可能会感到奇怪：毫无疑问，作为一个人民教师，理所当然应该让学生好好学习。然而，读了下面两则故事，也许你就会明白其中的“良苦用心”——

【故事1】美国的一家动物园，新来了一个喂河马的饲养员。老饲养员告诉他，不要喂河马过多的食物，不要怕它饿着，以免它长不大。新饲养员十分纳闷，他没有听老饲养员的话，拼命地喂他的那只河马。在他喂养的河马前，到处都是食物，人们无不感到他的仁慈和善意。

两个月里，他发现养的河马没有长多少，而老饲养员不怎么喂的那一只，却长得飞快。他以为是两只河马自身的素质有差别，老饲养员不说什么，与他换着喂。不久，老饲养员的那只河马又超过了他喂的河马，他大惑不解。

老饲养员这时才一语道破天机：你喂的那只河马，太不缺食物，反而拿食物不当回事，不好好吃食，自然长不大。我的这一只，总是在食物缺乏中过生活，因此它懂得珍惜，是珍惜使它有所获得，有了健壮。珍惜是一种正常的生命反应，甚至是一种促进。

【故事2】日本的一家动物园，一个常年喂养猴子的人，不是将食物好好地摆在那儿，而是费尽心思，将食物放在一个树洞里，猴子很难吃到。正因为吃不到，猴子反而想尽了办法要去吃，猴子整天为吃而琢磨，后来终于学会了用树枝努力地把食物从树洞里弄出来。

别人都很奇怪，对养猴人说，你不该如此喂养猴子。养猴人却说，平时你把食物摆在猴子跟前，它连看都懒得看，也不会主动去吃。只有换了这种办法去喂它，你越是让它够不着，它才越会努力去够。正因为猴子很难得到它，在得到它时，才会珍惜。珍惜，使普通的东西变为了好东西。

养猴子的人和养河马的人，从日常生活中都发现了一个真理，不能“好好”喂养他们的动物。是啊，有时候，得不到的东西我们往往愈加珍惜，那些逝去的记忆碎片发酵之后就会成就生命中一处弥足珍贵的绝美风景。初恋的朦胧让人久久不能忘怀，因为缺憾，人们留恋，因为遗憾，人们怀念。

联想到我们的教育教学，教师为了能让学生“好好”地学习知识，处心积虑地把学生“该有的”和“该要的”知识都悉心准备并无私奉献给学生，不忍心也不甘心让学生“吃不够”，担心学生“饿”着。于是，复习铺垫“一应俱全”，不怕学生“一帆风顺”，只怕学生“难产”知识；新授讲解“无微不至”，不怕学生“无话可说”，只怕学生“难解”知识；巩固练习“铺天盖地”，不怕学生“昏天黑地”，只怕学生“难留”知识。由此，教师“慈母”般的关怀因过分“不放心”而异化成“保姆”式的包办，学生学习知识“得来全不费功夫”，缺乏“惊涛拍岸”般激动人心的深刻体验，更多的是单调枯燥、机械重复留下的苦恼与厌倦。

新课程背景下的知识教学，要求问题设计具有挑战性，例如减少复习铺垫的暗示性、加大新授讲解的探究性、提升巩固练习的思考性，从而增加学生学习知识的“阻力”，让学生感到知识学习“不够吃”和“不易吃”，在困难中自力更生、艰苦奋斗，品尝到知识习得过程中的“酸甜苦辣”，最后取得胜利。这样的“果实”，学生才会“吃”得更有滋味、更有营养。

生活中有许多东西，就因为能轻而易举地得到，我们就熟视无睹、无动于衷。相反，生活中有许多事情，就因为需要付出智慧与真情，我们才会主动关注和加倍珍惜。教育中的知识教学同样具有相同的情理，学生会因知识的“不够吃”而产生索取更多知识的强烈欲望，学生会因知识的“不易吃”而把辛苦赢来的知识当成宝贝。在此，看似不让学生“好好学习”，实际上是为了让学生能够“好好学习”。

在生活中，最好的吃饭是让人自己去吃饭、吃自己的饭。在教育中，最好的学习是让学生自己去学习，并能够自己去克服学习中的困难。意大利教育家蒙台梭利早在19世纪就提出“体验是最好的老师”的思想，她形象地解释说：“一件事，我听到了，随后就忘了；看到了，也就记得了；做了，很自然地理解了。对孩子来说，听到的容易忘记，看到的，记忆不深，只有亲身实践和体验到的，才是刻骨铭心，终生难忘。”体验教育即施教者积极创设各种情景，引导学生由被动到主动、由依赖到自主、由接受性到创造性地对教育情景进行体验，并且在体验中学会避免、战胜和转化消极的情感和错误的认识，发展、享受和利用积极的情感与正确的认识，使学生充分感受蕴藏于这种教育活动中的欢乐与愉悦，从而达到促进学生自主发展的目的。

王国维也曾说：“有我之境，以我观物，故物皆着我之色彩；无我之境，以物观物，故不知何者为我，何者为物。”生活中，最好的劝客却在不劝之中，同理，在教育中，最好的劝学亦在不劝之中。体验教育的精髓正体现在无教之境中，它是一种教的艺术与学的艺术乃至与之相关的种种关系合成一体后所产生的强烈共鸣，一切传导和接受都显得自然而然，从而共同形成一种最理想化的教育境界，施教者表面上的有形的“无为”隐含着实质上的无形的有为。但是在活动中还要多注意凡是学生能独立发现的施教者决不暗示，取消对学生的思维限制，给学生多一点独立思考的时间，多一点深广成功的机会。这样有利于学生学会思考、乐于思考、善于思考。

人世间，什么东西是最好、最宝贵的？解释多种多样，但有一条不容忽视，就是那些往往离人们最远、又最难够到的东西最为宝贵。同理，教育教学中，什么知识是最好、最宝贵的？解释也多种多样，但这一条也不容忽视，就是那些往往离学生最远、又最难得到的知识最为宝贵。

在这世界上，还有一种爱远甚于“不够吃”和“不易吃”，那就是“绝情”，这是爱的极致。请看下面的故事——

【故事3】一只公狼与一只母狼从发现对方，到相恋相爱，只有三天时间，然后，公狼就会弃母狼而去，对于公狼来说这段短暂的浪漫爱情之旅不算什么，因为他可能很快就会与另一只母狼相遇并相爱，但对于这只母狼来说，却意味着她要独自承担着怀孕生子并孤独抚养狼崽的重任。

母狼常常把小狼崽产在很偏僻的地方，为了生存，很快就得艰难地拖着虚弱的身体独自去野外找食物供应母子生活所需，等到小狼崽被抚养到足够大时，有一天母狼会把小狼带离家门很远的地方，母狼会迅速决绝地往远方奔跑，小狼在惊愕忧惧中，拼命奔跑，试图追上自己的单亲妈妈，但这时的狼妈似乎没有了丝毫的温情与母性，对于小狼恐惧的哀号一点也不为所动，连头都不回地绝尘而去，小狼就那样拼命地奔跑，绝望地追赶，终于在恐惧绝望中接受了自己要独立生存的命运。

狼妈妈把狼孩子狠心抛下，是狼妈妈不爱狼孩子吗？不是。爱自己的孩子，不单纯是细心照顾，还有很重要的是教会孩子学会独立。在人的世界中，作为孩子的妈妈，却常常缺乏残酷的爱，不忍心让孩子受到生活的挫折，于是造成了许多孩子独立生活的“矮子”；作为孩子的老师，同样缺乏残酷的爱，不忍心让孩子受到学习的挫折，于是造成了许多孩子独立学习的“傻子”。

残酷也是一种爱，一个人从小经历各种磨炼，便具有刚强的毅力与超乎一般的坚强，那么走上社会也能在人才济济的情况下博得一席之地，才不会因为不适应社会而碌碌无为。动物都明白这种道理，那人呢？人应该比动物更具有智慧，那人师呢？教师应该比一般人更懂得这种道理。

这种残酷的爱在外国教育中比较常见。在美国，两三个月的婴儿就可能被父母裸体扔进水中学游泳，结果孩子被呛被淹，几次反复翻动之后又浮出了水面，再来第二次、第三次，孩子浮出水面的时间越来越短，游泳的本能也越来越大。而我们呢，记得我小时候，被父亲扔进河里学游泳，结果我刚一惊叫，父亲就急忙把我捞上了岸，以后也不再让我下水，最终至今我都没学会游泳。

在美国，孩子的吃饭也不像我们那样围着孩子、喂着孩子，还要慰着孩子、卫着孩子，结果弄得畏着孩子，似乎这样才是为着孩子。曾经看到这样一则中外不同育儿理念交锋的案例——

有一个中国留学生小伙子大卫，毕业后在美国娶了洋媳妇结婚生孩子，大卫的妈妈也从中国到纽约跟他们一起生活一段时间。

一天中午，孩子在吃饭时耍脾气，洋媳妇就说，不吃就算了，晚上也不要吃，2 岁多的小混血儿也很倔强，不吃就不吃。于是到了晚上，洋媳妇让中国婆婆做了几样中国特色的菜，其中还有混血儿十分喜欢的糖醋里脊。洋媳妇把桌子布置得很漂亮，各样餐具备齐，晚餐开始了，小混血儿忘了中午说过的话，问妈妈怎么没有他的餐具。

洋媳妇说："你中午自己不吃的，还说了晚上也不吃的，说话要算数。"

中国婆婆一听，当时也没当回事，她认为，洋媳妇顶多就是吓吓孩子，哪会真的那么狠心不给孩子吃饭。可是，中国婆婆吃到一半，发现孩子虽然可怜巴巴地站在一旁很久了，但洋媳妇依然不为所动。这下，中国婆婆开始心疼了。她赶紧拿了盘子，给孩子装好糖醋里脊，端给孙子。

洋媳妇见状，马上制止："你别管他，中午是他自己不想吃饭的，还说了晚上也不吃。说话要算数。饿了也是他自己的事。饿几次，他自己就知道了。"

中国婆婆听了，眉头直皱："你们这不是虐待孩子吗？饭都不给他吃。"

洋媳妇回答说："不是我们不给他吃，是他自己不吃，后果当然由他自己负。"

小孩在角落里可怜巴巴地看着大人们吃东西，嘴里的口水都要流出来了，开始孩子还坚持，要求妈妈给他吃，无效，就哭，大声哭，还是没用，一顿饭就这么吃完了。

到了晚上快睡觉的时候，孩子饿得肚子咕咕叫，知道不吃饭就得挨饿，这滋味真不好受。于是主动跟妈妈道歉，承认自己不对，不该闹脾气，以后一定好好吃饭。从那天以后，这孩子吃饭每次都表现很好。①

① 摘自 http://news.xinhuanet.com/overseas/2011-12/15/c_122425585_2.htm。有改动。

美国家长在吃饭这件事上的态度和做法，体现了美国儿童教育学的一个核心目标：培养孩子独立思维的能力。在此，看似不让孩子“好好吃饭”，实际上是为了让孩子能够“好好吃饭”。

如果说“不够吃”和“不易吃”的做法可以让孩子的生活有了一些波折，那么“不给吃”和“不能吃”的做法可以让孩子的生活有了一点挫折，狠心的程度更高。但不管是“波折”还是“挫折”，最终都可能强有力地促使孩子的思想和行为带来新的“转折”。挫折是每一个人成长过程中不可逃避的事件，也是成长中不可或缺的元素。在挫折中得到磨炼，是挫折教育的核心。对于学生来说，挫折教育有如下作用：

一是挫折教育能够使学生更好地激发潜在能力

都柏林大学植物学系的皮埃尔教授曾经做过这样一个试验：精选两粒大麦种子，同时种在试验田相邻的两个穴中，每天浇水，过了不久，两粒种子都发芽破土而出了，等它们长到一定的高度时，用石头把它们压上，一块小石头，另一块是大些的石头，大些的石头重量是小石头的两倍。被石头压住的大麦，努力寻找机会向上生长，几天以后，被小石头压住的大麦先从石头的缝隙处长了出来，然后继续向上生长；又过了几天，被大石头压住的大麦也长了出来。又过了一段时间，同时将压在它们身上的石头搬开，任其自由地生长。这时，区别显现出来了，被大石头压过的那株大麦长势很快，而且茎叶粗壮；相比之下，被小石头压过的那株大麦长势明显不如另一棵。两株大麦长成以后，被大石头压过的那株大麦籽粒饱满，比用小石头压过的那棵壮实很多。

皮埃尔教授解释说：“这是由于它们在生长期间所受的压力不同造成的，受压力大的，成长就快，而且籽粒饱满，反之亦然。”其实，我们人类又何尝不是如此呢？一个人的成就，往往取决于他所遇到的困难的大小，挫折并不是绝对的坏事，它会激发人的斗志，促进人的成长。在学习中，当学生遭受挫折时，便容易激发潜能，越不容易找到答案，就越能激发学生的潜能和探究精神。

二是挫折教育能够使学生更好地保持头脑清醒

有些学生由于受到年龄、经历、学识等的影响，往往会产生一些不应当有的错误，如粗心大意、骄傲自满等。在这种情况下，人为地设置一些挫折让其遭受以打击其骄傲情绪是非常有必要的。

人们常说，如果你努力了，即使失败也不会后悔。然而心理学家的研究表明，实际情况恰恰相反，你越努力，失败后你可能越“后悔”。

我们常常在运动赛场上看到这样的情形，一名运动员顽强拼搏，最终仅以微弱的差距与冠军失之交臂。在领奖台上，他难以自抑地流下了悔恨的泪水，我们作为观众也难免为之扼腕叹息。但是，如果获得亚军的运动员与第一名成绩差距很大，他的感受就会截然不同，觉得自己屈居人后是理所当然的事，甚至庆幸自己获得了不错的名次。

还可以举一个例子：甲、乙两位同学参加高考，甲同学以 100 分之差落榜，而乙同学仅以 1 分之差名落孙山，那么，哪位同学更加悔恨呢？调查表明，在绝大多数情况下，乙同学的后悔程度要比甲同学高很多。

心理学家认为，如果自己的行为结果与目标只差一点点，那么就会觉得更加遗憾，后悔自己当初为什么没有再加把劲；相反，如果自己的行为结果与目标相距甚远，后悔的情绪通常就没有那么强烈，失败的结果更易被接受。

也许你会认为，越“努力”越“后悔”，那还不如当初不那么努力。如果这样想，你就大错特错了，“后悔”在很多时候并不是一种负面消极的情绪，它是破除懈怠、畏缩、犹疑等“心障”的心理力量之一，能激发失败者觉醒、反省和下决心。正如鲁迅所说：“知道懊悔的人，一定不会不可救药，有懊悔，才会有进步的可能。”

三是挫折教育能够使学生更好地享受成功喜悦

学生如果是通过自己的努力解决完一个难题时，尽管充满了波折与坎坷，甚至遭受了挫折与失败，但从困境甚至绝境中走出来之后的那种成功的喜悦是不言而喻的，是无法用语言来形容的，那要比从师长或书本里学到知识更让其感到欣喜。因为从师长或书本里得来的知识，是别人已经整理好的，没有什么趣味性与探究性而言，学生的识记是枯燥无味的，而只有通过自己的努力与探究掌握的知识才是对自己来说更有意义的学习。“纸上得来终觉浅，绝知此事须躬行”，说的就是这个道理。

四是挫折教育能够使学生更好地适应现代社会

现代社会是一个充满挑战的社会，在这样的社会中，不遭受挫折是不可能的。如果学生在学校中没有遭受挫折的洗礼，没有正确对待挫折的思想，就好像是温室里的“花朵”，是不可能很好地适应社会的，正如美国第一夫人米歇尔·奥巴马在宣传《预防欺凌法案》的视频里说的那样：“在今天，当个小孩可需要足够坚强。”

2013 年 6 月 11 日，考试失利的欢欢哭着对妈妈说：“我都那么努力了，从不浪费时间，为什么结果会这么糟啊？”妈妈开导她：“结果有时候不是跟时间成正比的，虽然时间能将世间万物煮烂，但你要知道，坚强才是我们生活的主语啊。”

总之，有没有挫折教育，会影响到一个人现在能不能好好地学习，也会影响到一个人将来能不能好好地生活。下面的故事很好地告诉了我们这一点——

一个被当地渔民称为“船王”的人，煞费苦心地想让儿子继承他的事业。因此，整天把儿子带在身边，自小就手把手地传授驾驶技术和经验。可他的儿子成年以后，却因一次不算大的台风而丧命。原因何在？船王百思不得其解，一位老人为他指点了迷津：“你只传授他技术，却不能传授他教训。对于知识来说，没有教训作为根基，知识只能是纸上谈兵。”

有一份权威调查表明，中国大陆学生的心理素质合格率低于美国和日本（中国为17%，美国为44%，而日本最高为65%）。为什么日本学生的心理素质比中国青少年高出那么多？究其原因，最主要的是他们从小就开始接受挫折教育。有些西方人对孩子的挫折教育近乎残酷，我们中国家长和教师可能难以接受，但应当承认这是一种具有长远眼光的爱，一种理智的爱。我们不要忘记老祖宗的教诲：“天将降大任于斯人也，必先苦其心志，劳其筋骨，饿其体肤，空乏其身，行拂乱其所为，所以动心忍性，曾益其所不能。”

好的生活、好的学习未必都是顺境，逆境能让人更好地生活、更好地学习。正如蝴蝶必须经历破茧的阵痛，才能使身体中的体液流到翅膀上，让翅膀变得充实、有力，从而振翅飞翔！孩子必须经历成长中的磨难，才能使内在蕴涵的巨大潜力激发，让心理变得成熟、坚强，从而健康成长！《菜根谭》中曾说：“横逆困穷是锻炼豪杰的一副炉锤。能受其锻炼者，则身心交益；不受其锻炼者，则身心交损。”让我们记住这样一个公式：遭遇挫折＋直面挫折＋战胜挫折＝坚强、成熟、稳健、睿智。

这里，
我们可以得到这样一条
“醒‘师’恒言”：

让学生“好好”学习的教师未必就是好教师。给学生的学习制造一些波折和挫折，这样“狠心”的教师反而能让学生学得更好。

10. 学习的中心，一切绕着书本转？

在学校教育教学中，教师看得最多的是课本，学生看得最多的也是课本。例题取自课本，习题取自课本。课本上有什么，教师就教什么，当然学生就学什么。在教师的眼里，教材是标准，教材上没有的，教师不敢随意添加，当然，教材上有的，教师也不敢随意删减。如果想创新，也必须顾及教材。尽管“教材不是圣经，例题只是例子”的口号已经喊了许多年，但在实际改变甚至改编教材时，教师仍然是小心翼翼、诚惶诚恐。因为在现实中，在评价一节课时，如果教师放弃甚至抛弃教材，许多评委依然会毫不客气地给教师扣上“不尊重教材”的帽子，让教师进退两难。

教师的教学绕着课本转，加上学生的学习绕着教师转，结果学生的学习也只能随之绕着课本转。那么，有了课本，是否就有了一切？毫无疑问，教材内容只能是知识的一页，更只能是生活的一角，它无法把面广量大的知识和精彩纷呈的生活尽收囊中，教材只能是一个例子。如果我们只限于教材的教与学，对外面精彩的世界视而不见、对外面纷飞的信息听而不闻，那么教师的教学就可能坐井观天，学生的学习也就可能孤陋寡闻，成为“两眼只盯书中题，两耳不闻窗外事”的套中人，解题的高手，生活的弱智。

要打破这种眼中只有教材、心中只有解题的格局，我们的教学必须打开“知识窗”，让课本回到生活中，让教学充满生活的气息，学生的学习才能呼吸到新鲜空气。我们都知道，功夫在诗外，同样的道理，功夫在课外。著名成功教育训练专家傅中国说“卓越来自课外”，其义一是让课外知识续接课内知识，其义二是让课外学习续接课内学习。

从本源上看，知识并不“长”在书本上，而应该“长”在生活中，教材只是知识的载体、生活的缩影。尽管教材上例题所使用的情景也取自生活，然而它可能已经滞后于日新月异的生活或者有别于本地区学生的生活，所以，教师完全可以用新鲜或合适的情景替换教材中的情景。如果教材素材无可厚非，但你手头有比教材中的情景更能让学生感到“有意思”或者感到“有意义”的话题，也完全可以替代教材例题。

例如《用字母表示数》一课，有一位教师没使用教材摆小棒素材，而是把这样一张账单作为例题：“小明给妈妈开了张账单：洗碗5元，拖地10元。共计15元。妈妈也开了一张账单：在母亲家里过十年平安无忧的生活费用a元，十年中，食、衣、住、行的费用b元，共计c元。”教师问：“为什么妈妈开的账单上用a、b、c表示呢？”学生回答：“因为母爱是无价的，无法用具体的数表示出来。”教师揭示：“这说明字母可以表示任意一个数。”

用这样的生活素材替换例题，起到两个作用：一是让学生感到“有意思”。它是一个小故事，一下子吸引了学生的眼球；二是让学生感到“有意义”。故事中有数有字母，一下子引出了知识点。更让学生感到“有意义”的是这样的题目素材中还渗透了思想教育，学生既领教了知识教学，又领教了尊老教育。

从这一点上看，知识不仅仅“长”在生活中，还应该“长”在头脑中，让学生会思想，并且有思想。顺此我想到“做题，就是解题吗？”这样一个问题，上面的例子其实已经给出了答案：做题，不仅仅只是解题，还是做人。这样的题目除了有意思还更有意义，教师应该多留心生活，寻找和设计这样的好题来替代书本中的例题或习题。例如根据题为《一个小数点使人类被蒙蔽了 100 年》的新闻报道，我们就可以编成一道数学习题，让学生在学习“小数点的移动”知识之后作为练习题，既巩固了知识，又纠正了认识，更增长了见识——

小数点因为小，所以常常被人们忽略。认真阅读下面一个真实的故事，写下你的真实感受：

德国弗里堡大学化学专家劳尔赫在研究化肥对蔬菜的有害作用时，无意中发现菠菜含铁量只有教科书和手册里所载数据的十分之一。劳尔赫感到很奇怪，因为多年来营养学家和医生都认为菠菜中含有大量的铁，有养血补血的功能。他为了解开这个谜，对多种菠菜叶子反复进行化验。化验结果表明，菠菜的含铁量并不比其他蔬菜高很多。于是，他开始探究这个错误数据的来历。最后，原因找到了，原来是印刷工人排版时，不小心把小数点向右移动了一位，把数据扩大了10倍。由于印刷工人的疏忽，有关菠菜含铁量的问题，人类被蒙蔽了近 100 年！

读了这则故事，联系我们的数学学习，你想说些什么？

把这段生活材料作为补充或替代练习题，可以获得两大功效：一是在做题上，让学生懂得了“小数点”知识的重要性；二是在做人上，让学生懂得了“小心点”态度的重要性。

“解题”训练的只是一个人的思维，而“做题”锤炼的还可能是一个人的思想。我们教师应该学会小题大做，不满足于题目的解决，还可以对题目进行一番开拓性解释，不仅能够挖掘题目的教学功能，而且能够发掘题目的教育功能，这可能是课本上所缺少的，因为课本更多考查学生知识提高的质量——这更多体现的是一个人的思维高度，而很少考虑学生智慧提升的质量——这更多体现的是一个人的思想高度。下面一位语文教师借题发挥，跳出了课本教语文，跳出了学科教语文，从而让自己教得有思想，让学生学得有智慧——

语文课上，老师让五年级的孩子阅读了一篇短文《我爱上了螺旋形》。

师：同学们，通过阅读，你们了解作者想表达一种怎样的感情？

生：作者赞美螺旋形是最生动、最有魅力的。

师：在生活中，你们喜欢哪些图形？

学生分别说出圆形、矩形、心形、五角形、弧形、三角形等图形。

师：在你们的眼里，它代表着什么呢？用几个词写一写。

学生分别说出以下观点：正方形，方正，是中国文字的形象，更是中华民族为人的准绳；矩形，静态的美，留给人静心思维的空间；圆形，随意、可爱、弹性饱满、包容、膨胀；五角形，光辉、荣耀、幸运。

师：如果让你写一篇关于图形的短文，你会取个什么题目？

学生分别说出以下题目：《规矩论》——矩形；《“正”直》——正方形；《温暖的“心”》——心形；《“珍宝”三角》——三角形；《五角星的光辉》——五角形；《心情暗示》——曲线；《速度》——流线型。

师：请抓住自己心灵与图形撞击出火花，写下你的妙语吧！

生1：我要和心目中的流线合二为一，像火箭一样，以光的速度伴随着我在生命中飞上广阔无垠的天空。

生2：我爱弧形，它看上去是那么润滑那么细腻，给人瞬间的感受与体会，虽然从外表上看，不是很充实，但是细细观察，它宛如一张拉满的弓，显得那样饱满、结实。

生3：三角形代表着一个人的工作、生活和学习缺一不可，我的人生才会平稳、幸福。

生4：人生，许许多多成功与失败，正如曲线，曲曲折折，时而上浮，时而下陷，没有止境。

生5：我虽非墨守成规之人，但我心中仍热爱着矩形，它四角尖锐，对边整齐，封口处尽显其静态。

……①

让知识富有思想，除了例题和习题，还可以是考题。例如中国的高考作文题目“水的灵动，山的沉稳”“人生，诗意还是失意”“梯子不用时横着放”这样的心灵鸡汤乃至用意不清的题目。相较之下，再看看其他国家的高考作文题——

“对于真理（相）的追求是否可能没有利害关系？”（法国）；

“哲学只是提问而并不回答，为什么学习它？”（英国）；

“‘如果我们不满意环境，就设法改变它，但是，从我们的角度来说，最重要的改变很少发生，这就是说，我们不必为改善身边的环境焦虑，而是应该考虑改变自我，使之更适合环境。’改变自己的态度比改变环境更有利吗？”（美国）；

“关于一国文化，要给对那国毫无了解的人说明的时候，如何让对方能够充分明白你在说什么？同时不花点儿心思对方就不能明白的困难点在何处？举例说明。”（日本）

……

① 潘莹金晖．学生个性化学习与教师的价值引导［J］．语文教学通讯（小学刊），2011（9）．

如果我们从思想性来考察，不难看出，欧美日高考作文题的思辨性、哲学性、批判性、开放性、现实关怀、视野之开阔和对基本价值问题的关注，与国内高考题“与时俱进”“思想健康”的泛政治化指向，以及文艺腔、过度专业化毛病，旨趣形同霄壤。中国高考作文足以让人形成放之“各题”而皆准的套路，可以空洞地抒情，怎能考出学生的思想。北师大文学院教授张柠评价中国高考作文时称：“学生进入大学后，我们的第一项工作，就是让他们忘掉高考作文的写法，从零开始，重新对自己的生活经验和人生思考进行阐释和表达。”

“知识并不‘长’在书本上，而应该‘长’在生活中”，除了上面所述的一层意思——书本上的知识应该取自生活，其还有一层意思是书本上的知识应该用于生活，这样学习的知识才是有用的知识。换一个角度看，做题不只是解题，而应该是“做”题，也就是做事。解题可能更多的是纸上谈兵，而做题更多的应该是生活实战。

小来和小谷都是中科院的在读博士生，专攻计算机软件。2013年1月13日，他们将在计算机模拟已久的一项地铁极客行动付诸实践：买一张两元钱的地铁通票，不出站，计划17个小时内通过北京所有的地铁站点（除机场线）。他们于当天清晨5:15出发，晚上10:40结束，历经319站次，560公里，用17个小时25分钟完成了这次挑战，比数学建模预计的时间仅仅差了25分钟。[①]

在教学中，教师也应该让知识回归生活，去解决一些生活问题，让学生看到知识的实用价值和实战效果。例如在学生学习百分

① 陈全忠. 挑战北京地铁17小时［J］. 大学生，2013（8）期.

数知识后，如果教师抛出如下生活中常见的商业问题，将会让学生感觉到知识的价值和知识的力量，感悟到有知识的生活才能生活得更好——

美国商学院有一个研究，探讨一个最基本的问题：如果一样商品增加了“50%”的量却不加价，它等于是降了“33%”的价。如果有一天，一瓶饮料上面写“加50%的量”，而另一瓶饮料则写着“降33%的价”，大部分自以为聪明的消费者，会毫不犹豫地选前者，因为它的数字看起来比较大。这种现象被称为“增数盲点”。

他们又做了一个实验：你要“加33%的量”还是“降33%的价”？大部分的人看到这个数字，感受竟然是“一模一样”（其实应该是降价比较划算）。

还有一个实验，拿了一件连续降价两次的衣服，先打了八折，再打八五折，这样等于打“六八折”，但大部分的消费者却觉得：打了两次折，好像比“六折”还便宜。[①]

生活无处不数学。购物中有数学，甚至麻将中也有数学，有人把麻将的打法总结成了一个数学公式：$n \times AAA + m \times ABC + DD$。满足条件就赢了，$m$、$n$ 可以等于0。麻将中的数学远不止如此简单，它还涉及排列组合和概率等数学知识，现在还出版有这么一本书：《麻将与数学》。而这些都是课本上找不到的知识，却能让学生感到知识的有趣和有用，知识的有趣和有用是学生持续学习的永动机。

大自然中的植物生长也与数学有关。一棵树长到一定高度就开

① 摘自 http://www.chinaacc.com/new/234_236_201309/26wa1097796690.shtml。有改动。

始分叉，长出几根枝丫来，每根枝丫又继续分叉成几条小枝丫，小枝丫上又长出小树枝，最后直到每根小树枝上都挂满了一片片叶子。树木的这种倒锥形生长方式对于我们每个人来说都不陌生，但恐怕很少有人注意到其中的“数学”：一棵树在任何一个高度，其所有树枝的截面积之和是不变的。这一现象是15世纪意大利画家达·芬奇首先观察到的。那么为什么树木要这样生长？这里面又涉及“数学”：当估算一棵树实际占有的体积时，我们只要在树的根部量出它的截面积，再乘以它的高度就可以了。倘若用数学的语言来表达，这条规律可以这样来表述：在某个分叉点，假设一根主干分叉出 n 条枝来，主干的直径是 D，各枝的直径是 d_i（$i=1,2,\cdots n$），那么，D^2 等于所有 d_i^2 之和。不过，对于现实中的树来说，指数并不始终都是2，根据不同树种的几何形状，一般在1.8到2.3之间浮动。经过这样的修正，这个达·芬奇公式对几乎所有的树种都适用。

在许多人的印象中，武夫四肢发达、头脑简单，其实打仗也讲究“数学”。粟裕有一句名言：打仗就是算数学。整个作战计划像做一道算术题那样，一个数字错了，全盘都会错。1940年的黄桥决战，熟谙各种行军作战数据的粟裕，做了一番计算：敌军采用一路纵队行进，如果两人之间的距离为1.5米，全部三千多人的队形，将是长达四五公里的一路长蛇阵。从出发地高桥到黄桥约有7.5公里，当其先头部队尚距黄桥2.5公里时，后尾必然已过高桥，完全进入了我军设伏地段。粟裕认为，此时是我军最佳出击时机，正好可将来敌拦腰斩断。粟裕决定采取“黄鼠狼吃蛇”的战法，多路突击，将敌分割包围。

知识能带来什么？知识干什么用？弄明白了这两个问题，学生也就明白了学习的意义。我们都说“知识就是力量”“知识改变命运”，如果光说不练，学生就感觉不到。如果让学生看了下面的故事，对这些名言的理解或许更深刻，也更能够增强学习的兴趣和信心——

古希腊哲学家泰勒斯在年轻时穷困潦倒。一次，他衣衫褴褛地行走在大街上，被几个商人挡住了去路。其中一个商人当着全街人的面对泰勒斯冷嘲热讽起来：“听说你知识渊博，可是，知识能给你带来什么呢？是黄金？还是面包？”泰勒斯没有理会商人们的嘲笑，只在心里默默发誓：我会用事实来让你们知道，知识是干什么用的。

回到家后，泰勒斯综合各方面的知识推断出第二年将是一个橄榄丰收年。到冬天的时候，他用低廉的价格将当地所有的橄榄油器全部租了下来。

第二年，果然橄榄大丰收，于是许多商人都想收购、榨油。可是，他们奔走了许久都没租到一台榨油器。曾经挖苦过泰勒斯的几个商人也急得跟热锅上的蚂蚁一般。他们四处打听之后才知道是泰勒斯租走了所有橄榄油器。走投无路的商人们不得不跑到泰勒斯家门口苦苦哀求。泰勒斯长吁一口气问道：“我去年就运用知识预知现在的光景，你们说，这是不是知识的力量？”在场所有商人被问得哑口无言。

上述故事，充分展现了利用知识的力量可以预测未来，从而改变人的生活。上述故事中的设局是为了改变人的看法，然而在实际生活中有着许多骗局，例如对于一些声称可以预测未来的迷信，我们同样可以利用知识的力量戳穿骗局，改变人的看法。下面就是一位教师利用数学知识大战“风水学”的故事，不仅帮助学生复习了数学，还帮助学生识破了骗局——

“2011年有四个非同寻常的日期:1月1日,1月11日,11月1日,11月11日。这还不算完：用你的出生年份的最后两个数字加上你今年的年龄，最后的结果将是111，所有人都一样！今年是个钱袋年：今年的十月份有5个星期六、5个星期天、5个星期一，这样的年份每823年才有一次。按中国的风水学说，把这个消息送给八个熟人，4天内钱就会来到。”

不知不觉地，我的手机里就出现了上述短信，且有好几条。再一看发件人，竟然有我班上的学生。“4天内来钱”一类的鬼把戏居然也有人相信，我不禁有些生气，孩子们却一脸无辜:“是别人发给我的，我好心好意才转给您呢！这条短信最近很流行，QQ群里，有的家长也在发呢！”

我研究了一下短信内容：说得虽神乎其神，但是用小学数学知识便能揭穿其谎言。于是决定发动全班学生向所谓的“风水学”开战。

首先拿短信中最“神秘”的第二句当靶子！我在黑板上写下：“中华飞天第一人杨利伟,1965年生，今年46岁。”孩子们有些纳闷：为何突然提起杨利伟，难道老师也追星？我不动声色，让他们在纸上写下自己的出生年份、年龄。然后，我说:“算算杨利伟和你自己的出生年份与今年年龄之和，如果得数相同，说明你和杨利伟叔叔特别有缘哟！”

不一会儿，便有学生兴奋地喊:“哇，我和杨利伟有缘呢！我俩的出生年份加今年的年龄都得2011。”再过片刻，发现同学都得出了相同的结论，孩子们一下警觉起来，问我:“您是不是骗人？怎么全班同学都与杨利伟有缘呢？”我哈哈一笑，说:“其实，不光是你们，世上任何一个人的‘出生年份+今年的年龄’，都得2011。不信你随便举一个熟悉的人试试！”反复试过之后，孩子们追问其中的奥秘。我说：“还是自己动脑想想吧！你的年龄是怎么算出来的？”孩子们在写下“2011－出生年份＝今年的年龄”，再把减法算式转换为加法，就成了“出生年份＋今年的年龄＝2011”。“秘密”原来如此简单！

此时，我出示短信中的“用你的出生年份的最后两个数字加上你今年的年龄，最后的结果将是111”，孩子们一下明白过来：和刚才老师“忽悠”他们的做法是同一道理，不过，短信编者有意省略了出生年份的前两位数字，以掩人耳目。然而，“骗子”也有失算的时候——他这一改，就不再是“所有人都一样”了，比如一个生于2002年的人，今年是9岁，而“2＋9”得11而不是111；也就是说，改动以后，所谓的“秘诀”对于2000年以后出生的人都失灵了！

这时，有同学提出，“骗子”往后可能还会编出一些新的花样：“到了明年，他们会说这是一个特别的年份，用你的出生年份加上你的年龄，最后的结果将是2012。所有人都一样！”“到了后年，他们也会说这是一个特别的年份，用你的出生年份加上你的年龄，最后的结果将是2013。所有人又都一样！”

接着，孩子们继续向“发财”短信发起“攻击”：“第一句里说的‘非同寻常的日期’，其实每年都可能出现类似情况，比如2011年的11月1日，11月11日；2012年的12月12日，为什么只有2011年才是‘特别年份’呢？”大家表示赞同。

2011年的10月真的特殊，每823年才有一次？大家把矛头对准了短信的第三句。同学们说：大月有31天，31÷7＝4（周）……3（天），也就是说，除了整4周以外，还多出3天，这3天可能是“星期六、星期日、星期一”，也可能是“星期日、星期一、星期二”，等等。而打开手机上的“万年历”，发现有“5个星期六、5个星期天、5个星期一”的月份多得数不胜数，比如2009年的8月、2010年的

5 月、2012 年的 12 月等。退一万步说，就按短信里说的 10 月，也并非仅 2011 年而已，在 2016 年的 10 月也将出现“5 个星期六、5 个星期天、5 个星期一”，怎么会“这样的年份每 823 年才有一次”呢？

至此，彻底揭穿了“风水学”的真面目，孩子们纷纷表示：“什么‘钱袋年’！纯粹是欺骗那些没脑子的人，我以后再也不信了。”①

“知识并不‘长’在书本上，而应该‘长’在生活中”，其第三层意思是知识不仅仅印在书本上，还应该印在生活中，让学生感觉处处有学问、处处皆学习，社会即课堂，环境即书本。

中国家庭的冰箱永远是洁白的，没什么装饰，美国人的冰箱却完全不同，上面贴满了图片、照片、文字卡片等：一是购物单，美国人把购物单贴在冰箱上，随时想起要买的东西就顺手记上，临购物前揭下来就走；二是账单，为防止漏交，美国人把寄来的账单贴在冰箱上，确保万无一失；三是备忘录，美国人把怕忘的事写在卡片上贴在冰箱上，随时提醒自己；四是文化展示，这一功能区在冰箱表面占地最大，内容也最丰富，有全家的合影，也有孩子们儿时的照片，可以看到孩子们的稚嫩图画、成绩单和奖状，也可以见到父母鼓励的话语、随时的嘱咐和提醒，还有孩子们喜欢的卡通画、明星照片和各式小玩意。总之，这一区域是孩子们成长进步的展示平台，是父母和孩子互相沟通、传递亲情的桥梁，是孩子们汲取养分、随时得到父母爱的呵护和支持鼓励的加油站。

2008 年 8 月，诗人杨克应一个电视台的邀请，自驾了 4500 公里，走进过无数的高速公路加油站的便利店。在每个便利店中，他都发现一个让人惊讶的风景：除了食品、杂志，还必定有一小块地

① 摘自 http://www.yangtse.com/system/2011/10/11/011830890.shtml。有改动。

方是卖书的。“德国人在任何地方都会给精英文化留下一角的。”虽然只是一个个加油站里的小小便利店，但是却让我们以小窥大，看到了一个民族一个国家，对精英文化的尊重与热爱。

洛阳街中有一家旅店，为了吸引四方旅客，曾采用了一套请客猜谜的妙法。每天由店主先出商品谜语，请客人猜，若哪位客人首先猜对，即可免去当日的住房钱，所以该店总是生意兴隆。而武汉市轻轨一号沿线利用公益广告牌刊登诗歌，市民表示欢迎：“在站台上遇见诗歌，那感觉，就像是等了很久的列车突然到来。”这样的诗歌还可以“写”在地上，在苏州工业园区现代大道、南施街附近的公交站台的盲道边缘“嵌”着一首苏轼的《饮湖上初晴后雨》：“水光潋滟晴方好，山色空蒙雨亦奇。欲把西湖比西子，淡妆浓抹总相宜。”

每一个地方，都可以留下知识的足迹，每一个物件，都可以印上文化的痕迹。有人就在一张小小的钞票上看出了一个国家的文化：美国重创造，日本重教育，俄罗斯重武力。其根据是这三个国家最大面额钞票 100 美元、10000 日元、5000 卢布上的人物头像分别是 18 世纪美国最伟大的科学家和发明家富兰克林、日本近代教育之父福泽谕吉、强迫清政府签订《瑷珲条约》的穆沙维约夫。

“在人民币和商品上印孔子、老子的名言，是印上中华民族的文化精髓。”陈光标建议对流通量较大的面值 50 元以下的人民币进行改版，学习国外一些做法，在票面上印制一些宣传爱国精神、社会和谐、责任意识、环保意识等积极意义的标语、口号。

学校是文化场所，所以更加应该注重校园文化、走廊文化、橱窗文化、班级文化的营造。有学校把汉字刻在地砖上，有学校把棋谱刻在石桌上，让每一堵墙都会说话。现在许多商场和宾馆厕所里的墙壁上都会张贴一些经常更换的知识卡片，让人在“方便”的时候能够方便地看一看。由此想到，我们学校是否也需要厕所文化，在厕所的墙壁上也能张贴并能时常更换一些需要让学生了解的知识“广告”呢？

德国的厕所更加有文化，许多人喜欢在厕所里看书看报，因为厕所被称为“最安静的地方”，是喧嚣的大都市里的一个世外桃源。德国的公厕里，都建有休息室，里面放着一排排的座椅，座椅旁边的架子上，放着一些报纸杂志和书籍，供人们阅读。而且，手纸上也印着文学作品，让人在“方便”的时候也能欣赏到文学艺术。据报道，台湾一家公司准备生产一种如厕用的 RSS 阅读器，通过与电脑主机相连的无线网络，将你所订阅的 RSS 内容打印在厕纸上供你阅读。

我们见过花丛中、橱窗里、墙壁上的宣传语，我们见过电视中、商店里、报纸上的广告语，或许我们都没有见过试卷上的“广告”——

事情的起因是金融危机，学校原先给老师们的教学教材补助在今年的预算中被削减了。为此，收入不高的汤姆老师每个月还要自己掏腰包付一笔不小的学生试卷影印费，这实在让他感到头痛。那天，他突发奇想地冒出了一个“妙计”：在考卷上空出一块“广告版位”出租给学生的家长，让有兴趣的家长花钱“赞助”他所出的考卷、练习。

他的想法立即获得了家长的理解和支持。于是，试卷上面的广告有：“梦想——装点岁月的风景”“路的旁边也是路”“从来没有成熟的时机”“品性——生命站立的基石”“让失败改变方向”“推开一扇门并不难”“明天的树叶不会今天落下”“不能流泪就微笑”“再试一次就是奇迹”“你用不着跑在别人后面”“细节中的人生”“真爱——

永恒不息的心跳”“让心灵先到达那个地方”……孩子的父母们在广告版位上写上这一句句催人奋发的话，是想把自己平常在家中激励孩子成长的训条，也用来激励孩子班上的其他同学。[1]

生活中的广告无孔不入，颇让人讨厌。而上述试卷上的“广告”，却让人思想振奋。对生活中那些已经让人厌倦的广告，有人想出了这样一个点子：把广告植入验证码的图片中，使用者在抄录广告语这样的验证码中间接地记住了这样的广告。与学校教育教学有关系的是，我还曾经看到有人把验证码设计成一道有思维含量的数学题目，让使用者算出结果作为验证码填入。在教学中，教师就应该时时寻觅知识的“芳草”，处处寻找知识的“替身”，哪怕一张麦当劳的包装纸，都有可能成为我们传递知识的媒介——

这一天，我走进教室，看到地面上有一张麦当劳的包装纸，我把它捡了起来，问道：“这是谁丢的？”“是张佳豪！”一个女生答道。“张佳豪，麦当劳，有意思！”我说。张佳豪站了起来，想申辩什么，我示意他坐下，对大家说：“张佳豪扔麦当劳，这句话好玩儿吗？”大家伙儿都笑了：“哈哈，好玩儿，两个词里都有 ao 音！”“对呀，这是我们汉语里特殊的现象，叫押韵，谁能再说两个带有 ao 音的词？”

“睡不着。”“吃面包。”“有只猫。”“到处跑。”孩子们脸上乐开了花，欲罢不能。我看了看说“到处跑”的胡兆天，笑着说：“好，‘胡兆天’，接下来说 an 音。”

“胡兆天，小神仙。”“胡兆天，别心酸。”又是一阵笑声。我说：

① 薛农基．优秀教师的 6 种核心品质：教师一定要读的哲理故事［M］．福州：福建教育出版社，2012

“好玩儿吧？汉语真是一种好玩的语言，古诗也是押韵的，有了韵，读起来才朗朗上口、和谐悦耳，比如：春眠不觉晓——”“处处闻啼鸟。”“夜来风雨声——”“花落知多少。”

“哎，这里的第三句为什么不押韵呢？”一个女孩问。“这是为了避免单调重复，我如果把它改成‘夜来风雨浇’，你再读读，呵呵，这就不好听了！一般来说，绝句的第三句的最后一个字是不押韵的。”

“不但诗歌押韵，歌词大多也是押韵的，比如《让我们荡起双桨》，这首歌押什么韵？”

“ang。”

“要学做诗，必须懂得押韵，写文章的时候，若能穿插一些押韵的句子，会使文章充满韵味，但是不能通篇都押韵，那就成了顺口溜。回去后把咱们学过的古诗的韵都标出来，不清楚的地方来问我。”

怎样让学生感受汉语的无穷“韵”味？怎样教学生写一些押韵的文字？没想到一个源于“麦当劳”的偶然，竟把这个问题解决了。[①]

教育与教学资源无处不在，只要我们善于发现和善于发明，都能找到知识的用武之地，创出文化的渲染之法。如果我们把流行歌曲《最重要的小事》的歌词“世界纷纷扰扰喧喧闹闹什么是真实，为你跌跌撞撞傻傻笑笑买一杯果汁，就算庸庸碌碌匆匆忙忙活过一辈子，也要分分秒秒年年日日全心守护你”与李清照《声声慢》的词“寻寻觅觅，冷冷清清，凄凄惨惨戚戚……”放在一起，你是否可以想到“以歌做媒，帮助学生理解叠词的用法”这一教学方法呢？

① 丁慈矿．从“麦当劳”学押韵［J］．小学教学（语文版），2007（12）．

这里，
我们可以得到这样一条
“醒‘师’恒言”：

知识教学最忌讳纸上谈兵。在生活中联知识、在生活中炼知识、在生活中练知识，这样才能把书本上的死知识教活。

11. “你真棒”，激励学生的“万金油”？

近几年来，周弘的赏识教育风靡神州大地，深深地影响了我们身边许多教育人。我们经常听到老师特别是一些父母常对孩子说这样的话——“你真棒！”“你真能干！”“你是最棒的！”……

正确的表扬能增强孩子的自尊、自信以及面对世界的勇气。可以说，表扬是孩子成长中的营养剂。然而，只有正确的表扬才能起到良好的效果，错误的表扬方式会对孩子的成长造成负面影响。

读过一则访问学者在异国的真实故事：这位学者到当地一教授家做客，一进门，夸奖了教授的5岁女儿天生丽质，并抚摸了她漂亮的头发。这样的事情放在我国，我们的家长都会认为没有什么不妥。然而，教授却为此要求学者向女儿道歉。她说：“你是因为她的漂亮而夸奖她，而漂亮不是她的功劳，这取决于我和她父亲的遗传基因，与她个人基本上没有关系。你夸奖了她，孩子很小，不会分辨，她就会认为这是她的本领。而且一旦认为天生的美丽是值得骄傲的资本，她就会看不起长相平平甚至丑陋的孩子。而且，你未经她的允许就抚摸她的头，这使她以为一个陌生人可以随意抚摸她的身体而不经她的同意。”当然，这位洋教授并非一概不赞成“表扬”。她对这位学者说：“有一点，你可以夸奖她的，就是她的微笑和有礼貌，这是她自己努力的结果。”

上述事例说明：表扬与夸奖也是技术活，掌握不好分寸，同样会产生负面影响。这个观点的现实教育意义在于，经过多年的师德教育，不少教师渐渐摒弃批评与惩罚手段，对学生多说好话，岂不知这一“多”又可能形成一种误导，未必能让学生好。

畅销育儿书《孩子，把你的手给我》中，关于表扬孩子有一个很恰当的比喻——“称赞，就像青霉素一样，绝不能随意用。使用强效药有一定的标准，需要谨慎小心，标准包括时间和剂量，因为可能会引起过敏反应。”由此可见，一味表扬与夸奖并不是涂到哪里哪里亮的“万金油”，其副作用甚至反作用大致有以下几种：

一是表扬可能会让孩子过于自我

《用奖赏惩罚》一书作者阿尔菲·科恩说，大部分表扬会鼓励孩子成为“表扬瘾君子”，会导致他们依赖外界反馈而不能培养自身的判断标准以及学习动机。适当的表扬有利于孩子树立自信心，但如果过分表扬，孩子对表扬就可能会形成过分的依赖，而对批评，哪怕是善意的批评也会产生无原则的抵触心理。

王女士最近发现，如果她和丈夫不及时表扬女儿，或者说表扬不能让女儿满意，女儿就会非常不高兴，甚至发脾气。令人担忧的是，习惯了表扬的女儿，根本无法接受他们一点点善意的批评。有时候，当她在学习上或者是在生活中有做得不好的地方，王女士耐心地提醒她，也会惹得她老大不乐意。她在学校里也如此，明明是她粗心做错了题，老师点名提醒她，她的反应异乎寻常地激烈，有时候甚至还会哭鼻子。

过分的表扬还会使孩子成为爱虚荣、骄傲自满、自以为是的人。孩子一旦自满，以后就很难纠正。一些潜质很好的孩子长大以后之所以没能有所成就，正是源于孩子的骄傲自满、狂妄自大。

我们班在幼儿园属于家庭班，即交的托费最高，班额最少（只有18人），班级师资和环境配备是幼儿园最好的。而相应的，这个班也是家长对老师和幼儿园要求最高的，对孩子的期许是最高的，对孩子的溺爱同样也是最严重的。班上的孩子几乎都是在过度的夸奖和赞扬中成长的，所以这些孩子都有一个通病，就是非常自我，其实就是自负。

近段时间，他们身上的这个问题越来越凸显出来。上课时，积极举手发言本来是件好事，但如果老师没有叫到这个孩子，他就会发脾气，甚至哭闹。而如果老师请他发言后，他马上就觉得自己已经完成任务，并认为自己的发言是最好的，不再去倾听其他孩子的发言。①

自以为聪明的孩子大多表现得不甘落后、不甘失败，非常注重与同伴比较。美国心理学家卡罗·德威克经过大量研究后发现，被过度表扬的孩子将维持自己的聪明形象变成了头等大事——他们变得更喜欢竞争，喜欢打败别人。

一个实验中，学生要接受两个拼图测试。在两个测试之间，他们需要做出选择，选择学习一个新的拼图的技巧来帮助第二个测试，或者选择知道和自己同样接受测试的其他学生的表现。他们的时间只够做这两件中的一件。那些被表扬了聪明的学生更倾向于选择查看自己在组里的排名，而不是用这个时间为下一个测试做准备。而在另一个实验中，学生得到一张DIY卡片，并被要求把这些卡片写上自己的得分寄给另一个学校的学生（他们不会见到这些学生也不会知道他们的名字）。有40%的被表扬了聪明的孩子撒了谎，擅自提高了自己的分数，而那些被表扬了努力的孩子则较少撒谎。

---

① 摘自http://blog.zzedu.net.cn/user1/xy-liping/archives/2011/325629.html。有改动。

由此可见，这里学生的撒谎是由表扬聪明造成的。

二是表扬可能会让孩子迷失自我

过分表扬的另一个极端是走向消沉的反面。如果孩子得到太多的表扬，就可能会形成不愿意努力就想得到夸奖的心理。因此，遇到困难容易退却，缺乏信心，可能就很容易选择放弃。美国斯坦福大学一项针对150名本校学生的研究显示，受到过度表扬的学生往往不愿承担风险、不愿付出努力、自我激励少。学者通过相关分析发现，口头表扬越多，学生坚持任务的时间更短；会经常用眼神向老师寻求肯定；用带有询问语气做出含糊不定的回答。

由此可见，不甘落后、不甘失败就可能导致害怕落后、害怕失败，这如同硬币的两面。有一位母亲夸奖孩子就出现了这样的“并发症”：不管做什么事情，孩子总想着要胜出，如果自己不能取胜就退出比赛。也就是，要么冲在最前，要么落在最后。孩子这样的极端表现，常常让家长和教师直呼看不懂。在学校，备受教师青睐的学生，往往经不起批评，心理承受能力差。

表扬易增加孩子的自信，表扬也易摧毁孩子的自信，其中的一个重要原因是表扬易增加孩子的压力，形成焦虑。我们都知道，在小学时孩子的学习落差不大，然而到中学后，成绩就容易出现分化。小学时成绩好的孩子不可避免地会在更大更有压力的环境中挣扎，以为自己过去成绩好是因为天赋聪颖的孩子感觉自己一直都被欺骗了。他们的成绩很难恢复到曾经的优异，因为可能帮助他们恢复优异成绩的关键——多努力——反而被他们认为进一步证明了自己的失败。在访谈中，许多这样的孩子承认曾经“严肃地考虑过作弊”。

学生考虑作弊是因为他们没有发展出应对失败的有效策略。如果父母和教师忽视孩子的失败而一味要求他们下次做好的话，孩子会压力更大，问题会更严重。孩子被剥夺了讨论错误的机会，就不能从错误中学到什么。

失败后不轻言放弃、不断尝试、不懈努力的能力在心理学中被当作一种特质来研究。有这种特质的人，有毅力、挫折后恢复良好、可以延迟满足很长时间仍有持续的动力。深入这个研究，会发现有毅力不仅仅是有意识的控制，也是无意识的反应，这种反应受到大脑某回路的控制。华盛顿大学圣路易斯分校的罗伯特·康宁格博士在大脑中定位了这个回路，主要分布于眶前和内侧前额叶皮层。它监控大脑的奖赏中心，像开关一样，当没有及时的奖赏时，它就会进行干预。“开关”开启时，它会告诉大脑的其他部分，“不要放弃尝试，远处正有多巴胺（大脑中奖励成功的化学物质）过来。”

是什么使有些人有这个活跃的回路呢？康宁格训练了大鼠和小鼠走迷宫，通过严格地在它们接近终点时不奖励来增加他们的毅力。“实验操作的关键是‘不定时强化’，”康宁格说，大脑要学会沮丧期是可以熬过去的这个事实：“一个人如果成长中得到了太频繁的奖励将很难有毅力，因为他们会在奖励消失时放弃。”

让孩子害怕失败、逃避挑战、缺乏毅力，很大程度上与我们不赞努力只赞聪明有关。“你真聪明！”是许多家长和教师惯用的评语。对孩子的每一个进步如果都用“聪明”来定义，结果只能是让孩子觉得好成绩是与聪明画等号，一方面他会变得“自负”而非“自信”，另一方面，他们面对挑战会采取回避，因为不想出现与聪明不相符的结果。曾经在果壳网上看到一则题为《不适当的表扬吞噬“神童”的自信》[①] 的报道——

① 摘自 http://mooc.guokr.com/opinion/436678/。有改动。

托马斯是纽约安德森公立第334学校的五年级学生，该学校是一所专门招收超常儿童的学校。

自从托马斯会走路，他就不断地听到别人说他聪明，却不能将这一点转化成他面对学业困难时无惧无畏的信心。父亲发现，“托马斯并不想尝试他不能成功的事，有些事他解决起来非常快，但是当他不能很快解决时，总是立刻放弃，并归结于‘我不擅长这个’。”

例如低年级时，托马斯不太擅长拼写，于是他就抗议，不愿大声地把单词拼出来。当他第一次在数学课上接触分数概念的时候，他也犹犹豫豫的。不过最大的障碍出现在托马斯三年级时。他应该学写英文草书，但是拖了几个星期都不肯尝试。托马斯的父亲试图和他讲道理，“听着，你聪明不表示你就可以不努力。”最终，托马斯在父亲的连哄带骗下掌握了草书。

为什么“神童”也会缺乏信心？近几十年来，很多天赋异禀的学生都严重低估自己的能力。由于缺乏对自己胜任力的认知，他们的成功标准和自我期望都偏低，他们低估了努力的重要性。

我们原来都相信表扬孩子的智商可以给孩子带来自信，但是越来越多研究显示出这种方式可能是错的，给予孩子“聪明”这个头衔并不能防止他们表现不佳，反而可能是使他们表现不佳的元凶。

表扬孩子聪明和表扬孩子努力是不同的。卡罗·德威克选取了400名五年级的学生，将他们分为两组，让他们完成一个“把图画得最清楚”的实验。这个实验非常简单，每个学生都能做好。当学生完成测试，研究者会告诉他们分数，然后用一句话表扬他们。一组表扬他们的智商，跟学生说：“你一定很聪明。”另一组则说：“你一定做得很努力。”

随后是第二轮实验。实验开始前，这些学生可以选择比之前的测试更难的题目，也可以选择和之前的测试难度相同的题目，结果，被表扬“很努力”的学生中有90%选择了更难的测试，而被表扬“很聪明”的学生大部分选择了难度相同的测试。

在接下来的第三轮实验中，所有参加测试的学生都必须参加一个难度超出个人实际水平的测试。可想而知，没有几个人能完成。但是，之前实验中随机分配的那两组学生再一次表现出了不同。那些被表扬“很努力”的学生认为自己失败的原因在于没能集中精力，所以在接下来的实验中，他们更愿意集中精力去尝试每种解决问题的可能；而被表扬“很聪明”的学生则认为自己失败的原因在于自己的智商。

在最后一轮测试中，题目的难度和第一轮相同。但被表扬“很努力”的学生的成绩提高了大约30%，而被表扬“很聪明”的学生成绩则下降了约20%。

对这样的结果，德威克认为：“强调努力，给了学生一个可控的变量，他们发现自己可以控制成功与否；强调聪明，则剥夺了这种可控性，并且也不能成为应对失败的好处方。”她在研究总结中写道：“当我们表扬学生的智力时，相当于要他们表现得聪明些，不要冒险犯错。”这也正是被表扬为聪明的学生所做的：他们选择保持聪明的形象。避免了形象受损的风险，一旦他们失败后，就会怀疑自己根本不聪明；而被夸奖“很努力”的学生失败后则会认为是自己不够努力。

美国著名儿童心理学家海姆·G·吉诺特博士建议教师：“要使你的表扬有建设性，那就描述孩子的努力和成就，以及我们的感觉，千万不要评价判断孩子的性格和品行。”有益表扬的基本原则在于：描述而不评价，叙述而不做判断。我们应该让孩子自己做出对自己的评价。

的确，随着年龄的增长，在决定孩子能否做成一件事的因素中，智力显得越来越微不足道，越来越复杂的任务让努力和坚持成为成败的关键。心理学家发现，表扬孩子的智力恰恰会减少他们的努力。是啊，不经努力便可以获得表扬并不能真正帮助学生，滥用表扬的后果是让学生错失许多重要的学习机会。在纽约东哈莱姆区生命科学中学任教的教师在高中生身上实践了德威克的理论——

布莱克维尔把她的学生分成两组，控制组接受学习技能培训，实验组除了要接受学习技能培训，还要学习“大脑发展观”——智力不是天生的。这些学生轮流大声朗读一篇关于大脑在挑战下如何长出新的神经元的文章，看关于大脑的幻灯片并且排演短剧。

不久，即使不知道哪些学生分到了哪个组，老师们仍然可以挑出那些学习过“大脑发展观”的学生，因为他们改善了自己的学习习惯，提高了成绩。布莱克维尔用一个学期挽救了学生日益下降的数学成绩。

实验组和控制组唯一的不同就是两节总共加起来50分钟的课。这50分钟不教数学，只教一个观念：大脑像肌肉，努力练习就能使你更聪明。仅这点就可以改善学生的数学成绩。

由此还有一种情况值得我们注意，如果孩子完成一些力所能及的小事就大加赞赏，也会令孩子产生消极情绪。一些专家认为，这可能是因为孩子不喜欢因小事受表扬。家长和教师这样做会使孩子不再努力钻研，不知道自己需要付出多少努力，才能取得真正意义上的成功。

表扬容易增加孩子的学习压力，这对于普遍追求完美的女孩影响更大。在研究者德韦克的一次实验中，考过很难的测验之后再考正常的测验，女生分数全都大跌，以前成绩越好的退步越大。第一轮考最高的，到最后一轮竟然比以前考最糟的还要糟。对这种现象，德韦克提出的解释是：“女生习惯完美，女生也较重视他人的看法及反应。男生则总是在互骂笨蛋，也不太在乎别人对自己的看法。”德韦克的研究指出一点，即一流脑力本身并不会把小孩变得特别敏感或脆弱，是表扬把小孩变脆弱的。这一点也许可以解释在表扬实验中所看见的年龄及性别上的差异，同样听到“你真聪明”，男生的反应就和女生不一样。

压力如同弹簧，可以让人“弹起来”，但如果过强，也可以把人“压下去”，而追求完美无疑会让人压力过强。另外，“言过其实”的表扬也可能会增加人的压力。不过，一旦不堪重负，人也可能会因此而“甩包袱”，出现与表扬者愿望相反的结果。在生活中，我们都有这样的体会，当领导不断夸奖你时，开始还会沾沾自喜，但慢慢地就会感觉到压力，甚至不想做得完美，以便得到喘息的机会。如果我们的称赞总是“言过其实”，孩子也会有压力，觉得自己不配这样的赞美。他们会怎么办呢？那就是在你刚刚赞美完他的时候，他就做出让你头疼的事情，以示“反对”。下面是一位“倍”受表扬的学生的日记——

今天，老师又表扬了我，说我学习如何勤奋，思维如何敏捷，品质如何纯正……把我说得十全十美。其实我也有很多缺点，如懒惰、小气、胆小、贪玩又没有自制力，放假时总不能控制住自己，总爱看电视……虽然我抄了很多笔记，但很难得再看一次；买的书，也没有那种想看完的激情，如果看了一半的话，我就觉得很不错了。这一次我听到老师的表扬，我的脸热得发烫。不是因为我害羞，而是因为我惭愧，真的有些言过其实了。

太多的表扬，太多的夸奖，已经把我压得精疲力竭。家长、老师，请你们不要再表扬我了，我求你们了！①

“你真棒”，这里的“棒”固然取“好”的意思，但我们不要忘记，“棒”的本义是“棍”，如果表扬与夸奖没用好，“你真棒”中的“棒”就可能成为棍子，给被表扬者造成心灵的伤害。

三是表扬可能会让孩子异化自我

过多的表扬还会让孩子错误地认为自己的言行能够讨父母或老师的欢心。久而久之，孩子不管做什么事情，都不是因为自己想做或喜欢做，而是因为这样做能够得到父母或老师的表扬。这样一来，孩子就特别在意别人对自己的看法，时间长了，就失去了基本的辨别是非的能力和自我意识。下面的案例就是由于教师的一个表扬，让精彩不再纷呈——

“剪汽车”的游戏开始了。“每个小朋友可以选一辆你喜欢的玩具车放在你面前进行观察，我看哪个小朋友剪的和别人不一样”，我提出建议。孩子们高兴地玩起剪纸游戏来。我发现虫虫拿起剪刀，很快就剪出一辆漂亮的公共汽车。我觉得太美了，便随口大声说道："嘿，虫虫剪的公共汽车真好——你真棒。”虫虫高兴地笑了。可是过了一会儿我却发现多数小朋友剪的都是公共汽车。

我原本还想表扬几个孩子，因为他们在讨论时还说要剪警车、救火车、救护车、卡车、挖土车、压路车、推土车、老吊车等。可在我对虫虫一句“你真棒”的夸奖后，孩子们自主的创意却一下子从我眼前消失了，因为他们都学虫虫剪公共汽车，显然对于老师的

① 李陈荣．教师如何有效的表扬学生［J］．教育前沿（综合版），2009（4）．

表扬他们很在乎。①

公开表扬虫虫的作品是教师对他创造结果的肯定，却有可能给其他孩子一个错误印象：“他的好，我的是不是不好？”“和他一样，老师才会表扬我。”从而使其他孩子的自信心受到影响，从而放弃自我。此外，孩子喜欢模仿，教师对某个孩子做法的肯定，必然会带来别人的效仿，这很有可能使他们原有的创造过程就此中断。

还曾经看到这样一个笑话：

一天，一位语文老师在班里表扬了一位同学，说他成语“青翠欲滴”使用得好。下一次交上来的作文，几乎每个人都用了“青翠欲滴”——“教室的一角有盆青翠欲滴的花”“爸爸拿出青翠欲滴的酒杯”“她穿上了一件绿色的裙子，真是青翠欲滴”。有个男生居然写：“这两天我感冒了，我的鼻涕青翠欲滴。”

如果我们不是表扬事情的结果，而是表扬事情的过程，或许就不会出现这样的负面效应。表扬事情的过程，也就要求我们“夸具体”“夸努力”，而要做到这一点，我们首先要对孩子做事情的整个过程有所了解，在总结孩子成绩的时候，不妨详细把自己的所见所闻描述出来。例如孩子写完作文之后，你可以说：“文章的开头很好，你能想出这样的开头实在不容易；中间的描述能感觉出你经过了仔细的观察。结尾的一句话也比较精彩，用它来点题很恰当……”这样，你把孩子在作文上所花费的辛苦一一说了出来，愉快自信的笑容立刻就会洋溢在孩子的脸上。如果你没有亲眼见到孩子的努力也没关系，你可以用提问的方式让孩子自己说出努力的过

① 摘自 http://child.jxedu.gov.cn/read.php?id=897:217895。有改动。

程，这中间不失时机地加以适当的点评，同样可以给孩子一个有益的赞美。例如上述案例中，在孩子玩剪纸游戏时，教师可以不再着重表扬某个孩子的创意，而可以改成提问："你剪的是什么车？"让每个孩子展示自己的作品、展示自己的创意。

在表扬和夸奖时，我们常常喜欢带有夸张的语气。然而，我们应该注意，过分的夸张对于被赞美者来说也是有百害而无一利的。哥尔多尼说过："过分的赞美会变成阿谀。"夸奖或赞美一个人时，如果过分夸张，赞美脱离了实际情况，让人感觉到缺乏真诚。更严重的是，高尔基说过："过分夸奖一个人，结果就会把人给毁了。"因为过分的夸奖往往会使被赞美者不思进取，误以为自己已经是完美无缺了，从而停止了前进的脚步。众所周知的方仲永，小的时候因为天资聪慧而被别人称为天才，其父则带他四处去走访宾客，结果等到他长大以后，才能"泯然众人矣"，跟别的人没有什么两样了。在表扬的时候，我们不妨多用比较级，千万慎用最高级。

所以，我们应该增加表扬的可信性。纽约大学精神病学教授朱迪斯•布鲁克说："表扬很重要，但不能空洞，必须基于一些真实的事情——一些孩子们的技能和天赋。"一旦孩子认为得到的表扬是很廉价的甚至无根据的，不论这表扬是由衷的还是不由衷的，一律大打折扣。所以，表扬应具有导向作用。受表扬的应当是孩子不同寻常的进步或成绩，奖赏应该在付出努力之后才能获得。否则，那就是对赏识教育的贬低和亵渎。在对孩子进行赏识教育时，一定要夸奖到孩子某一个进步的细节上。

德国教育家卡尔·威特说过："我们不能让孩子在受责备的环境中成长，但是也不能让他们整天泡在赞美里。"表扬不是万能的。我们不能过分依赖于赏识教育，而忽略了教育的一个哲理："表扬是甘露，但是过多了则成了水患"。赏识要掌握度，到了孩子可以摆脱赏识也可以进步时，我们就要停止赏识教育。另外，常言道“瑕不掩瑜”，指出对方的缺点和不足，并提出一定的希望，不仅不会影响赞美的力度，相反，会使赞美显得真诚、实在，易于为人接受。

这里，
我们可以得到这样一条
“醒‘师’恒言”：

表扬与夸奖，数量上不能接连求“再”，程度上不能贪恋求“最”，否则会过犹不及，产生副作用甚至反作用。

12. 全课总结，食之无味的“鸡肋”？

在教师的教学设计中，在一节课即将结束时，都设有“全课总结”这一教学环节。这一教学环节的设置，旨在把一节课所教的知识进行整理与复习，沟通知识之间的联系，固化和强化学生对所学知识的整体印象。

然而，“全课总结”的设置常常被“格式化”，具体表现为定时、定语、定式，让学生日益麻木，有时候那种无端插入或无病呻吟的强制性总结更让学生反感。所以，我们应灵活地设置“全课总结”环节，对让教学“无响应”的全课总结应该及时舍弃或加以改造。对此，我们不妨从以下几方面来拷问和掂量“全课总结”：

一是启动“全课总结”由何问

在具体操作中，“全课总结”常常在教学的最后一刻，教师应景式地问一声“这节课你学到了什么？”，课程改革之后教师改问“这节课你有什么收获？”（这两种问法的区别在于前者学生侧重谈知识方面的收获，而后者学生还可以谈情感方面的收获），此时不同年级的学生就会有不同的反应：

一种对象是久经沙场的高年级学生。他们大多会看着板书应付性地读一遍，其他学生因为不听“全课总结”也早已从板书中知道答案，所以也就心不在焉地陪着教师走完这一教学环节。例如下面案例中的学生对教师的总结套路可谓心知肚明，于是就出现了教师需要什么就总结什么的教学“怪异状”——

一位教师教五年级《小数的除法》，在全课总结时，教师问道：“同学们，这节课你有什么收获？”这节课尽管教师也设计了一些游戏活动，但依然无法使这本身枯燥的计算教学热闹起来，所以学生在总结时只是对照着板书谈了知识上的收获。学生谈完，却发现教师还在用期待的目光看着他们，似乎在盼望着什么，聪明的学生突然反应过来，有学生举手补充总结：“这节课我学得很开心！”教师才满意地结束了全课总结。

另一种对象是刚进学堂的低年级学生。他们并不懂得“这节课你学到了什么？”与“这节课你有什么收获？”这两种问法的区别，所以自然地会出现像下面案例描绘的学生只谈一节课中的“开心事”而不谈一节课中的“正经事”的收获不“全”，让教师常常失望——

一位教师执教一年级《统计》，当下课铃声响后，游戏式的巩固练习正好完成。应该说，本节课就此止住，完全称得上是一节优质公开课。可教师却赶紧让孩子们安静下来，问道：“这节课，你学到了什么？”

学生 1：贴动物。

学生 2：贴水果。

学生 3（高声）：贴大象！

学生 4：学到了本领。

学生 5：学到了许多知识。……

执教老师继续启发：那么，学到了什么知识呀？

没有学生举手回答，教师不得不指着板书，再次启发：看这里，你学到了什么知识呀？

学生甲：我学会了排一排。

师：还有呢？

学生乙：我学会了分一分。

师：除了排一排、分一分，谁还要说？

学生丙：我学会了数一数。

可能看到学生已经回答不到老师要的答案，教师让学生停下，指着黑板：这些都是统计的知识，我们一起来读一读。[①]

上述案例，教师在本来完美的"蛇身"上又添加了败笔的"一足"——多余的"全课总结"。造成这种"画蛇添足"的现象，完全是教师的教学习惯所致。本来，本节课的课堂总结，当教师问"这节课，你学到了什么？"，学生说出"贴动物""贴水果""贴大象""学到了本领"等一串答案后，教师可以就此结束本节课，无须继续强行"引导"学生回答。试想，学生在学习"统计"的过程中，的确是经历了"贴动物""贴水果""贴大象"等一系列动手动脑的操作，在他们看来，"贴动物"和"贴水果"就是自己本节课体会最深的收获，是自己在本节课中"学到了本领"，难道有什么错吗？

成功的教学除了让学生获得知识与技能外，重要的是让学生学会思考，经历观察、实验、猜想、证明等活动过程，能有条理地、清晰地阐述自己的观点，并能解决问题；更重要的一条是通过教学活动，让学生能积极参与学习活动，有好奇心与求知欲，在学习活动中获得成功的体验。而本节课已经成功地达到了上述要求，学生们真的很自信——"学到了本领"，这不正是老师们所追求的吗？

① 马肃霜．多余的"小结"［J］．中小学数学（小学版），2009（Z2）．

因此，对于学生而言，全课总结并非一定要叙述本节课的教学知识点以及表达自己对学习的情感和态度，不同的课型会让学生有不同的学习感受，有的偏向知识体会，有的偏向情感体验，有的兼而有之，于是就会出现学生在总结收获时也产生不同的倚重，这是很正常的，教师应该顺其自然，不必追求面面俱到。

二是撤掉“全课总结”又何妨

接着，我对“全课总结”这一教学环节的“有”与“无”，“有”与“优”进行了更加深入的思辩——

首先，让我思考的是课堂教学是否一定要有“全课总结”这一教学环节？我认为，在那种学生在全课总结时举手如林、对答如流的情况下，如果这种反应的“快速”与答案的“精准”是缘于照“板”宣读，学生得来全不费功夫，这种全课总结何须学生“总结”！也就是说，与其把这种“全课总结”作为摆设，教师不搞全课总结学生就已修成“正果”的情况下，我们删除这一教学环节也无妨。

我们应该考虑学生的年龄特征和当时的教学状况来决定“全课总结”的取舍。例如以下情形就可以跳过“全课总结”这一教学环节：

第一种情形是下课铃声已响，最好取消后续的“全课总结”。学生能够坚持40分钟的学习，身心已经比较疲惫，急需要休息与调整，当下课铃声响起时，学生的热情会快速转向课后的娱乐活动。所以只要下课铃声响了，教师即使没有讲完新课，或者还没进行全课总结，也不要继续讲课或者再填补这个“全课总结”的环节。尤其是那种“枯燥乏味”的知识教学，对于已经无心再继续听课的学生来说，立即“下课”就是最好的“全课总结”。

第二种情形是对于低年级小学生，最好取消纯粹知识性的“全课总结”。这一年龄段的学生都是以直观形象思维为主，有些知识只需让学生“意会”无须要学生“言传”，教师没有必要让小孩子来总结、归纳抽象的知识点。此时最好的全课总结不是看学生是否能说得头头是道，而是看学生心情是否愉悦、问题是否会解决，也就是让学生用实际效果来代替全课总结。这样的全课总结就不再只是让学生“说”出来，而更多的是由教师“看”出来，如此获得的信息会更真实。

第三种情形是那些陈词滥调的“全课总结”最好取消。全国的小学数学课堂的结尾都是“这节课你有什么收获？”“这节课你学到了什么知识？”，同一个腔调，同一个套路，让学生缺乏新鲜感。其实一节课的质量，重点不在最后的总结上，不在于学生的“口头收获”上，而在于学生参与教学以及获取知识的过程。也就是学生经历了教学过程就一定会有学习上的收获，所以我们应该注重过程性总结或者注重在过程中总结。

有一次听一年级的《2 ~ 5 的分与合》，当下课铃声响起时，只听正沉浸在书面练习中的学生“啊”的一声，坐在我旁边的一位学生自言自语地说：“怎么这么快就下课了？”从学生感觉一节课时间过得快的心情中，我们不难看出学生对这节课的投入有多深，也不难想象教学过程对学生的影响有多深，这样的教学效果何须教师单独设置环节总结出来？！

三是改造“全课总结”有何难

如果课堂教学一定要“全课总结”的话，关键是要改变传统的“总结”方法，提升全课总结的层次与水平：

第一种改进方法是教师可以创新全课总结时询问的语法，除了围绕本节课的“知识点”进行总结外，还可以让学生围绕“问题点”进行总结，如“你还能提出什么问题？”“想一想，我们是如何解决课始提出的问题的？”，还可以让学生围绕“情感点”进行总结，如“今天这节课你觉得自己发挥得怎么样？”等。

第二种改进方法是教师可以提高全课总结时凭据的难度，让学生真正能够经历寻找知识要点、沟通知识联系和确定汇报顺序、选择汇报方式的整理过程。例如下面案例中教师让板书“无处不写”的做法就使学生的全课总结成为名副其实的总结——

一位教师教《圆的认识》时，把各个知识点随着教学的进程而故意随意板书。到“全课总结”时，面对乱七八糟的板书，没有学生主动举手，后来教师请一位学生总结，她汇报得断断续续、疙疙瘩瘩，费了好长时间好多心思并在同学的帮助下才说完整、说清楚。

案例中，教师板书无处不写的“乱”，让学生在全课总结时不得不通过回忆教学过程中教师的讲解顺序，然后思考知识之间的关系，最后把这些知识点按照自己的理解进行串联。这种费时的全课总结颇让学生费心，迫使学生进行了真正意义上的全课总结。表面看，这样的全课总结并不舒畅，让教师感到不舒服，但学生只有在这种“疙瘩”中才能得到学习的最大收获。

可能有教师说，“全课总结”环节在整个教学设计中安排的时间很短，一般只有 2 ~ 3 分钟，哪里允许如此“长长绵绵”和“缠缠绵绵”的总结。其实，教师可以让学生先利用课中 2 ~ 3 分钟尝试进行总结，如果时间来不及，可以让学生在课后开展“帮老师整理或设计板书”的总结活动，然后把作品交给教师批阅或张贴在教室的墙上供同学交流评价。

全课总结的功能并非只有在课中专门设置“全课总结”教学环节才能实现，高明的教师会减少这种容易让学生厌倦的“全课总结”

环节的使用，而设计一些学生感兴趣的其他学习方式和学习活动来达到同样的目的。例如教师可以像下面案例中那样采用布置作业的方式来代替学生对全课的总结——

一位教师在《圆的认识》课后，布置了学生这样一个学习任务：请你设计一份圆规使用说明书。学生在完成这一作业时，除了首先会去寻找一些诸如家用电器的说明书以了解写作格式之外，还必须对“圆规的构造”“圆规的功能”“圆规的用法”等项目进行分析与说明，这就促使学生对课中的教学内容进行复习和整理，也就达到了课中“全课总结”环节所设定的教学目标。

这样的全课总结给了学生足够的时间，可以延续到课外甚至校外，有效地缓解课堂上短时间内完成总结的紧张与匆忙；这样的全课总结还给了学生充分的自由，让学生可以投身自己喜欢的活动然后选择自己喜欢的方式进行总结。

总之，我们应该丰富全课总结的内涵，让全课总结不只是教学中的一个环节；我们也应该扩大全课总结的范围，让全课总结渗透到学生学习的每一个角落；我们还应该增加全课总结的时效，让全课总结成为学生复习知识、反思知识的一种自觉行为。

这里，
我们可以得到这样一条
“醒‘师’恒言”：

全课总结，并非非有不可，也并非总在全课后才总结，也不是汇报时间短的昙花一现和板书暗示强的虚晃一枪。

13. 家庭作业，“有”与“没有”间的博弈？

家庭作业是“学校教师指派给学生的，要求在学校以外的时间内完成的任务”，这是美国家庭作业研究专家哈里斯库柏对家庭作业本质的描述，它代表了一些人对家庭作业的理解。这个命题所表达的是“家庭作业是任务”，表达了它所描述的家庭作业的强制性，因为只有上级给下级或者长辈给晚辈“布置任务”，而对于上级或长辈所“布置的任务”，下级或晚辈只能接受，不管愿意与否。这种家庭作业本质观排除了作为学习主体的学生以及作为教育活动的参与者的学生家长设计家庭作业或者三方共商家庭作业的可能性。

无论东西方，对家庭作业的认识都类似于钟摆现象，一段时期认为家庭作业的量太多，学生学业负担太重，要“减负”；另一段时期又认为家庭作业的量不足，影响学生成绩。当前我们的社会和教育界倾向于前者，学生盼望减少家庭作业，学校、教师也确实减少了家庭作业的数量，而许多家长却给自己的孩子私下开小灶，增加作业量，陷入“减负”的悖论。正如柯朗所说的那样，“家庭作业的整个博弈是极端复杂的”。

2013 年 8 月，我国教育部出台《小学减负十条规定》，其中有一条就是“不留书面家庭作业”，然而仅隔几天，在第二次征求意见稿中，就由“不留书面作业”改成“减少作业”，即“一至三年级不留书面家庭作业，四至六年级要将每天书面家庭作业总量控制在1小时之内”，原因就是上述的家长和教师的两难情绪。这样的减负运动同样出现在外国。2000年，美国出版了《家庭作业的终结：家庭作业破坏家庭，使学生负担过重，限制学生学习》，号召人们联合起来反对家庭作业。2006年，出版了《反对家庭作业的事例：家庭作业如何伤害儿童，我们应该怎么办》，作者提供了大量的证据证明家庭作业损害了儿童的身体健康，并指出，在如何设计家庭作业方面，教师们没有受过很好的训练，因而应建议教师减少家庭作业的数量并设计出有价值的作业。第三本书是2006年的《家庭作业的神话：为什么孩子们越来越差》，认为很多研究并不能证明家庭作业的有效性。教师们只有在能够判断作业“有益性”时才能布置家庭作业，比如，可以让学生参与一些家庭活动：在厨房完成一个实验，烹饪，与家人玩字谜游戏、看好的电视节目，阅读等等。作者还要求教师要让学生参与决策：做哪些、做多少家庭作业。

即便反对声不断涌现，但我们可以看到，反对者并不一概主张取消家庭作业，而是对如何进一步改进家庭作业提出了建议。事实上，从世界范围来看，完全取消家庭作业的国家也不多。

其实，对家庭作业的争议的主要症结在家庭作业的质量上。有人总结了国外对于家庭作业时间与学习成绩的相关研究，其中主要有四种：正相关、曲线相关、微弱的负相关及没有任何关系。仔细分析对这四种相关性的研究，可以发现，之所以会产生这四种相关性，与学生的年龄段，与家庭作业的时间，与家庭作业的形式，不无关系。

研究发现，家庭作业的效果与学生年龄密切相关。对小学三、四年级的学生，相关几乎是零，对小学五、六年级及初中一、二年级的学生，相关度为 0.07，对高中生，相关度为 0.25。由此可以发现，家庭作业对低年龄段的孩子效果很小。北京市小学数学特级教师马芯兰曾经坚持不布置家庭作业，结果教学质量依然很高，这就是一个很好的例证。

研究还发现，家庭作业的时间与学习成绩呈曲线相关，即当作业时间达到最佳时间时学生成绩最好，一旦超过这个时间成绩会下降。福雷德里克和瓦伯格发现用于作业的时间和学业成绩的关系似乎存在“高原”状态，即作业时间的增加对学习仅有极为有限的影响。也就是说，到一定程度后，单靠家庭作业量的增加对提高学业成绩是没有意义的。库柏对家庭作业研究进行的总分析表明，对高中学生来讲，至少每周要保证 1 小时的家庭作业，在家庭作业上花的时间和学业成绩之间才会出现积极的关系，然后，随着作业时间的增加，学业成绩继续提高，甚至作业时间每天超过 2 小时（每周超过 10 小时）也是如此。相比之下，对初中学生来讲，即使最少的作业量（每周少于 1 小时），作业的时间和学业成绩之间也会出现积极的关系；但如果每天做 1 ～ 2 小时作业，学业成绩不再变化，作业时间超过 2 小时，学业成绩甚至出现下降。这一研究表明，作业时间与学习成绩不是绝对的正相关，必须有一个合适的时间量。

得出家庭作业时间与学习成绩没有相关性的研究者不否认，如果布置的作业有趣，学生认为对其学习有用且喜欢做，作业好像有助于学习成绩的提高。由此，我们似乎可以形成这样的观点：一定量的家庭作业有助于学习成绩的提高，并且是学生所喜欢的。能否这样说，如果是学生喜欢的家庭作业，规定不布置的布置一些、少布置的多布置一点，学生也不会反感，例如一位中国留学生妈妈记录的自己孩子在日本小学一年级难得的几次家庭作业中的一次——

（1）自己准备东西，明天郊游；

（2）和3个以上的小朋友一起玩；

（3）听老人讲过去的事情；

（4）让妈妈抱3分钟。

上述看似简单的作业寓意着深刻的内涵：充分结合一年级学生的实际，注重学生的体验和感悟，注重学生独立性的培养，还有历史的教育，尊重老人的教育，亲子情感的培养，人际交往的学习。这样的家庭作业是“做”作业而不是“写”作业，我们也不难发现我国教育部2013年出台的小学生“一至三年级不留书面家庭作业”规定中不留的是“书面作业”，言外之意还是希望我们的学生能够做一些实践性和体验性的家庭作业，值得注意的是这一《小学减负十条规定》在第一轮征求意见中的表述为“小学不留书面式家庭作业，可布置一些适合小学生特点的体验式作业”，让我们不难揣摩出改革的意图。

家庭作业虽然只是学生学习作业中的一部分，但从家庭作业上我们最容易看出整个作业链（课堂作业、家庭作业、假期作业）存在的问题。至此，我们懂得了家庭作业可“有”可“无”、可“多”可“少”，具体倾向于哪一方面需要根据实际情况而定。然而，在现实教育中，家庭作业不仅“有”，而且“多”，多的是那种不顾学生感受的作业，它逐渐脱离了原有的教育目的，失去了其应有的特点和功能，而转化为与自己对立、支配自己的东西，变为令学生窒息的重负，即发生了一定程度的异化。具体表现在以下几个方面：

一是惩罚式作业——功能维度上的异化

惩罚式作业将作业当作学生做错事情的惩罚手段，其异化根源在于教师对作业功能的错误认知：只有增加学习时间，才能提高学习效果。许多教师常常会用罚抄、罚做来惩罚表现不好或成绩不好的学生。实际上，惩罚不仅不会使学习中的“不会”“不知”“不深”自动转化为“会”“知”“深”，相反，从心理学角度来看，惩罚会在学习与痛苦、耻辱之间建立一种人为的联系，将学生对学习的兴趣转化为不快，形成对学习的憎恶。

有一位学生有一次英语家庭作业漏做了一道题，结果教师撕了他的英语作业本，不仅仅是撕掉补做的那一页，而是整本英语作业本，惩罚学生将这学期的所有英语作业从头写一遍。

在现实中，作业的多少往往跟教师的心情有关，布置多往往是惩罚学生的一种手段。曾经看到这样一则笑话：《品德与社会》中有一道调查题：“你怎样评价老师布置的作业？”一生答：“老师高兴时布置的作业少，老师生气时布置的作业多。”虽然答非所问，但学生的评说却是现实，由此还能看出学生对此耿耿于怀。

二是暴力式作业——数量维度上的异化

暴力式作业涉及的是作业失控问题，表现为作业量大，完成作业所需时间长，学生整日浸泡在作业的海洋之中。暴力式作业异化的根源在于教师的错误认知：作业的数量与学习效果呈正相关，希望用“量”的增加带动“质”的提升。

曾有人发牢骚说“终于知道‘homework’为什么是不可数名词了，因为压根儿就做不完。”网上流行着一首打油诗，用来讽刺当下中小学生总有写不完的作业：“君子坦荡荡，小人写作业。商女不知亡国恨，一天到晚写作业。举头望明月，低头写作业。洛阳亲友如相问，就说我在写作业。少壮不努力，老大写作业。垂死病中惊坐起，今天还没写作业。生当作人杰，死亦写作业。人生自古谁无死，来生继续写作业。众里寻他千百度，蓦然回首，那人正在写作业。”还有人说：“寒假作业，其实就是你写一个月，老师写一个

‘阅’！”

最近，一条微博引发了昆明网友的关注，它来自一位初一学生写的一句话“我不想做作业！”，这是他晚上写作业时流鼻血，含泪写下的话。无独有偶，近日，微博上一张题为《孩子的“厕所作业”》的照片走红，图中5岁的儿子一边坐在抽水马桶上“方便”，一边趴在板凳上“不方便”地写家庭作业，孩子的妈妈感到伤心：“可怜我儿，连上厕所都不耽搁，自己搬个板凳就写上了，中国的教育制度什么时候能改变啊？”

由此可见，作业量确实要控制。对此，有一所学校天天“晒”各班作业，每天教师布置的作业必须统一公示，如果作业量过大，学生可以拒绝。还有一位教师把作业打印在纸上，用来逼着自己控制题目数量，而学生的作业本则用来记录错题，成为错题本。

三是雷同式作业——形式维度上的异化

模式化作业指作业的形式呆板、僵化、千篇一律。具体表现为：在作业的对象上，对所有学生布置相同的作业；在作业的类型上，以纸质作业为主；在纸质作业中，以强调知识的学习与巩固的练习型作业与准备型作业为主；在作业的完成要求上，全部都是必做的；在作业布置的向度上，以教师布置学生完成的单向度为主；在作业的具体形式上，数学主要是做练习题或练习册，语文主要是摘抄和搜集资料，英语主要是背诵单词和课文等。

要改变这一同质化和同治性作业，我们可以设计一些多梯级、多层次的作业，让学生各取所需，自主选择作业的数量与难度，以便发挥学生学习的主动性。例如一位教师教完“比的应用”后，根据课堂的反馈情况布置了这样的“三星级”、自选式家庭作业——

① 80厘米长的红线围成一个三角形，这个三角形的三条边之

比为 1 ∶ 1 ∶ 2，这个三角形的三条边各是多少厘米？（★）

②用 80 厘米长的红线围成一个长方形，长和宽的比是 5 ∶ 3，这个长方形的长和宽各是多少厘米？（★★）

③一个三角形的三条边比为 5 ∶ 3 ∶ 4，其中最长的边是 20 厘米，另外两条边长多少厘米？（★★★）

四是封闭式作业——内容维度上的异化

非生活化作业指作业内容局限于“知识世界”，仅仅关注知识和科学的学习，而与学生的日常生活和经验相脱节，其异化的根源在于教师将家庭作业仅仅视为家庭范围内完成的课程补充和延伸内容，对作业进行基于认知主义的文本性设计。

要改变这种“一个人”“一张纸”的作业，一方面我们可以设计一些学生与家长互动性家庭作业，例如教《两位数除以一位数（首位不能整除）》后，针对理解竖式计算的原理是难点，一位教师设计了如下的家庭作业——

①动动手：每 10 根筷子一捆，捆 3 捆，外加单根筷子 2 根。

②动动口：让爸爸、妈妈说说，他们将怎样把这 32 根筷子平均分成 2 份？

③动动脑：怎样用竖式计算的分法说服他们？

要改变这种“一个人”“一张纸”的作业，另一方面我们可以设计一些动手操作性家庭作业，例如在学完“立体图形”后，我们可以布置学生回家用硬纸板自制一个正方体、长方体或圆柱体模型，并注上尺寸，算出表面积、体积。学生既动脑、又动手，可以将思维训练与能力培养融为一体。

家庭作业的内容应该是丰富多彩、充满乐趣的。教师应克服搬用现成教辅材料充当家庭作业的惰性，要像对待课堂教学一样重视家庭作业的多维设计，甚至布置一些需要学生综合运用各种技能知识、发挥自己的智慧、提出创新的想法并且费时比较长的“长作业”。例如学了《圆的认识》后，布置“用带有圆形的图案设计班徽”的家庭作业，学了《圆的周长和面积》后，布置“画一个美术体逗号，计算逗号的周长，然后涂色剪下来送给你最好的朋友”的家庭作业。

美国的教师经常会留给学生一些需要翻阅资料、提出自己独特见解的开放性更大、完成时间更长的家庭作业。有个留美的中国家长举过这样的例子，他儿子在美国上小学，六年级快结束的时候，老师留给孩子的作业是一串关于“二次大战”的问题：你认为“二次大战”谁负有责任？纳粹德国失败的原因是什么？如果你是杜鲁门总统的高级顾问，你将对美国投放原子弹持什么意见？你是否认为当时只有投放原子弹一个办法去结束战争？你认为今天避免战争的最好办法是什么？这些问题在课堂上没有标准答案，教师不是让学生去死记硬背书中的结论，而是煞费苦心地引导学生自己去思考问题，让学生在完成作业的过程中熟练地掌握如何在图书馆利用计算机和缩微胶片系统查找他所需要的各种文字和图像资料，这种能力比单纯地学会机械做题或死记硬背要重要得多。

日本孩子的暑假作业中，除了一般性的语文数学练习题之外，还有一份需要孩子们花功夫和时间的作业，叫“自由研究”。所谓“自由研究”，就是孩子们要根据自己感兴趣的事物，去了解、发现、观察、调查、实践，然后将观察以及实践的结果整理起来，配上说明文字，开学时提交给老师，并在班上宣读。可以说“自由研究”完全是一份儿童版的“学习研究报告”。

暑假作业耗时最长、费心最多，密集的内容和单一的形式最容易让学生生发厌倦。对此，2013 年 6 月 10 日，由上海教育新闻网、《上海中学生报》联合推出的“中国好作业”公益活动网络专题上线，陆续收到各界投来的作业近百道，主办方遴选出64道挂在网上，供上海中小学生选择。出题者不仅有来自上海十几所高校的教授，还有文学、艺术、科技、体育等领域的诸多专家，作业题材涵盖节能减耗、生态文明、科技创新、公益慈善、休闲娱乐、健康体锻等诸多方面，而且无一不是紧扣青少年的发展天性精心设置，其中包括：课题调查、社会实践、创意设计、人文阅读、自然体验等等。此外，学生们还可以通过“留言板”“微互动”等功能与导师进行交流，部分学员还有机会与导师面对面，接受专业指导。

学生们本就该走出题海战术，走向广阔社会。教育应培养他们的独立思考能力、认识社会热爱生活的能力、独立创造的能力以及研究能力等。现在学术界倡导一种“十字型教育模式”：十字型的“横”代表西方教育的知识面宽、创造力、适应性、独立性和实践能力，以及孩子的顽皮和无所顾忌的个性；“竖”是指东方孩子的逻辑思维、知识深度、理解水平、统一规范、集体主义以及能静下来等个性。“十字型人才”被认为是世界最优秀的人才，“中国好作业”力求体现这种方向。

五是应付式作业——评价维度上的异化

简单批改式作业指作业的评价处理主体、形式、内容单一。作业评价维度上的异化既有外部的原因，如班级人数过多、作业批改量过大等，也有教师自身的布置作业方面能力欠缺的原因。具体表现为：批改主体仅仅为教师本人，批改形式常采用“√”或“×”形式，批改时间简短，批改内容仅是对家庭作业的正误进行判断。只重视学生作业的“做”，不重视对完成质量的评估与反馈以及缺少激励的做法，使许多学生认为家庭作业就是给教师做的，进而采取敷衍的态度去完成。

美国华盛顿大学埃西奥内教授认为：“家庭作业的目标不在于使学生接受大量的信息，而主要是培养注意力的集中、遵循作业的规范、敢于面对困难并克服它，以及抵御各种使人分心的诱惑等等品质。”学生一旦形成这种良好习惯，其学业成绩就会大幅度提高，并对以后的发展亦大有好处。这一作用远远超过单纯的机械训练式的作业。应该说，单纯从作业的数量方面来讨论家庭作业以及“减负”问题是远远不够的，甚至有可能回避真正有价值的问题。近20多年来教育心理学兴起的一个新的研究领域——自我调节学习，给家庭作业问题的研究提供了一个新的视角。

一般来讲，有自我调节学习特征的学生具有明确的目标和学习动机，有计划性、坚持性，能控制和评价自己的学习，主动获取知识和技能，比如积极提问、做笔记，并合理分配时间和资源，他们不会依赖教师和家长。而那些沉醉于做白日梦、依赖外部控制、经常忘记教师布置的任务、几乎不做作业或要求家长帮助做作业的学生则表现出较低的自我调节学习水平。

事实上，家庭作业问题最核心的层面与自我调节学习是紧密联系在一起的：如果家庭作业不能有助于使学生成为自我调节的学习者，那么家庭作业的效用要大打折扣；同样，如果自我调节学习不能成为家庭作业的方向和策略，那么，自我调节学习也就不可能构成真正意义上的自我调节学习。

第一，教师要帮助学生提高对家庭作业价值的理解，并通过作业的多样化（除书面作业外，还包括参观、考察、旅行、社会实践、口头报告等形式），使学生对家庭作业产生兴趣，变被动的“要我做”为主动的“我要做”。如果学生对家庭作业没有一个相对积极的看法，那么家庭作业不可能实现它在促进学生内在技能，诸如时间管理和学习自觉性发展上的作用。

第二，教师可以教给学生合适的、完成家庭作业所需要的自我调节策略。现在学校普遍对家长在家庭作业方面的要求较多，如检查作业，甚至要求家长要熟悉教材，以帮助学生。但过多的外部调节对学生的长远发展，特别是自我调节的发展有不利之处。

第三，从自我调节学习原理出发，教师或家长要求学生每次或每隔一段时间对老师批改完后发回的作业进行分析和自我评价，找出作业中的不足，进行错误分析，不断进行反思，最终形成自我监控的学习习惯。

第四，许多学生在做家庭作业时效率不高，特别是在存在外部干扰时，有的学生极易分心，半小时可以完成的作业要拖一两个小时，这还是因为学生的时间计划和时间管理——自我调节上存在问题。

第五，教师可以给学生提供有关家庭作业的支持性的辅助资料，允许并鼓励学生寻求各种帮助。曾经看到这样一则消息：作业遇到难题，抓耳挠腮也答不出来怎么办？微博“作业答案来了”能帮忙。这位“作业君”义务帮学生们转发作业难题公开征集答案，再由微博上的各路“学霸”解题。“开张”几个月，这个微博就积累了十多万粉丝。“作业君”的走红，引发不少教师、家长的担心：刷微博做作业，会不会对学生有害无益？有的人甚至提出要封杀此微博。其实，这种担心大可不必。

首先，随着经济发展和社会进步，日新月异的新科技应用不可避免地走进教育，教育者更多考虑的应该是“如何运用”而非“是否运用”的问题。“作业君”并非有求必应，那种批量求答案的偷懒者是被“作业君”拒绝的，这就是一种良性运用。

其次，互联网上海量的信息和便捷的互动功能完全能够成为学习的便捷工具。除了“作业君”微博，论坛、贴吧、百度知道、新浪爱问知识人等互动问答平台，不也时常成为我们释疑解惑的好帮手吗？

当然，我们也应反思：是什么催“火”了“作业君”？学生为何热衷网络求解？对此，我们不难想到以下原因：一是与教育减负有着千丝万缕的联系。如果教师为学生留的作业量太大，学生吃不消，很容易想到上网寻求帮助；二是与应试教育体制下对学生的苛求有关。在教育发达国家，学生作业是开放式的，可由学生查阅资料或相互讨论来完成，而我国的学生作业多是硬性的，要求学生必须完成，学生不敢留着空白带回学校。这种做法无形中扼杀了很多孩子独立思考和勇于探索新知的机会；三是在课堂上，学生可能出于害怕被责怪的心理而不敢向教师提问，而“作业君”微博却能够与学生进行实时互动。“作业君”微博的出现，像一面镜子一样映照出现实教育的某些不足，值得我们反思改进。

在美国，利用网络指导学生学习和做作业就比我国做得好。就拿数学来说，相较于我国单调的纸笔作业形式，美国还提倡采用计算机和网络辅助等多种作业形式。如设立了一些数学教育网站，专门帮助中小学生更好地学习数学。网站中不仅提供大量学习策略的数据库、不同年级的数学资源，甚至还专门帮助学生解决数学作业中的问题，这点就如同上述的“作业君”角色。例如 www.math.com，它尝试帮助学生缓解数学作业所带来的压力，让学生对数学更有兴趣。很多数学教育网站事实上不仅为学生开放，更重要的是鼓励家长参与。除此之外，美国还专门开发了一些数学作业游戏软件，这极富有趣味性，又能及时反馈作业结果，比单调的纸笔练习更有效。

这里，
我们可以得到这样一条
“醒‘师’恒言”：

家庭作业，可以有。但如果只是课内学业的“搬家”和课堂作业的“翻版”，还不如没有。

14. 公开课，究竟为谁而教？

首先我们先来看两个公开课教学镜头——

【镜头 1】在一节数学公开课上，执教教师让一位学生用一根线演示对线段的认识，这位学生两手捏住线的两端拉直后举过头顶，全班学生都能看清楚。此时，执教者并不满足，要求这位学生转身站在凳子上高举“作品”，以保证后面的听课教师也能看清楚……

【镜头 2】在一节语文公开课上，一位学生用男中音回答了执教教师的提问，全班学生都能听清楚。此时，教师做出如此评价：“如果你的回答让后面的听课老师都听清楚，那就更好了。”于是，这位学生迫不得已，提高嗓门复述了一次……

以上两个镜头是我们在听公开课过程中遇到的实例，引发了我们的一些思考，那就是：公开课，究竟为谁而教？

在学校教学研究过程中，教师观摩公开课（包括示范课、研究课等）是一种必要的形式和必需的途径。在听课过程中，教师可以领悟执教内容实施的不同策略，还可以领略执教教师展现的不同风采，而这种教学研究的最终目的无非是为了学生能学得更有趣、更轻松、更聪明。

然而，很多教师太注重公开课的“公开”两字，把公开课片面地视为不同于平常课的一种比较“高级”的课。在他们的眼中，平常课好比平平淡淡的“家宴”，公开课好比丰富多彩的“国宴”。它们的区别就在于公开课中多了同行、专家、领导等“贵宾”的光临，似乎赋予了公开课一种额外的“荣耀”和一些附加的“利益”，例如可能会被听课者看好而美名传扬（一课成名者大有人在），这种“成名”方式远比被学生看好要简单（让学生喜爱不是一朝一夕之事）、明显（小学生的表达方式大多是爱在心里口难开）、快捷（通过学生传播还需经过家长才有可能上达学校领导）得多。

由此，教师为了公开课而绞尽脑汁、煞费苦心，施展浑身解数。教师还多方求援，校内请大家帮忙，校外请“大家”指点，全身心、全方位地精心打造公开课。在这种情形下，这些教师淡忘或敷衍平常课的现象屡见不鲜，不过“一美可以遮百丑”，领导和同事也就不斤斤计较这种“小事”了。为了能够有“一美”，上课教师多会进行炫耀性的展示，千方百计创造“亮点”，给听课教师留下强烈的印象，或在巧妙的设计，或在煽情的语言，或在灵活的引导，或在漂亮的板书或 PPT。

要给听课教师留下好印象，一种好办法就是上出新颖别致的公开课，这似乎成了公开课公开的“秘方”。许多教师会想方设法寻找与别人不同的上法，如果仍然使用别的教师的上法，尽管经过实践证明这样的上法效果很好，但恐怕会被听课教师说没有新意，吸引听课教师眼球的指数就会大大降低，如果是评比课，得分就会低许多。由此，上课教师宁可冒着创新上法效果未必好的风险，也非要创新教法。

在此，如果上课教师心中想的是“我的课是为学生而教”，那么就不会纠结教法面貌的新与旧，只会计较教法效果的好与坏，从而坚定不移地选用效果好的教法，哪怕别人已经使用很多、很久，哪怕一块黑板、一支粉笔。因为学生一生只上一次这一内容的课，对学生来说任何一节课都是新的。

公开课可以理解成“为‘公’而开的课”，然而，现在的许多公开课的“公”依然指的是听课教师，还不是学生。公开课似乎成了执教教师的“T”型台，他们“精打细算”地利用有限的时间想方设法地尽显自己的能耐，例如“公开”自己平时难得一露的笑容、“公开”自己平时懒得一用的教艺，“公开”自己平时昙花一现的过程……这些表现与平常上课形成了巨大的反差，让学生感觉自己的老师似乎变了个人。执教教师如此的全心全意只为了能够博得听课教师的喝彩和赢得评课专家的青睐。上课学生笑了，还不行，听课教师、评课专家笑了，才算行！甚至执教教师根本不在乎学生是否笑了，只在乎听课教师、评课专家的笑脸。

以生为本的、有生气的课应该让学生有一种激动的感觉，获得高层次、可能终生难忘的学习成功体验。如果教师用这样的眼光来上课，那么每一个知识点几乎都有令人赞叹、激动的理由。例如初学加法，学生可能回家会兴奋地对妈妈说：“我会算账了”，学习减法，学生可能会笑着说：“我学会了和加法相反的计算了”，学习了乘法就更了不起了：“100 个 2 连加要写半天，我两秒钟就写好了”……

然而，有时候学生激动的听课教师未必会激动，反之，有时候听课教师激动的学生未必会激动。因为听课教师激动的往往是设计的巧妙，注重的更多是形式上的精致，而这学生往往没意识也不在意，学生激动的往往是内容上的精炼，以及自己被同学的认同和被教师的接纳，也就是自己的成功才是最关键的。

公开课除了教学态度、教学方法与日常的课有所不同之外，教学容量、教学节奏也不同。如果说日常的课是漫步，重品味，获得的是一种闲得，公开课则要奔跑，重口味，获得的是一种惊奇：接连不断的问题涌出，接连不断的环节相扣，在临近尾声的时刻到达高潮，在铃声响起之时戛然而止，让在场的每一个人都有悚然一惊的愉快，这似乎成了公开课成功的标志。由此可见，学生立场的成功与教师立场的成功所关注的视点和所包含的内容并不是一个“同心圆”。

所站立场的不同，最终导致现在的一些公开课“热闹非凡”，越来越好看、越来越耐听，“折腾”得上课学生“热气冲天”、听课教师“热血沸腾”，以致患上“活动过头”“营养过剩”等“富贵病”。例如公开课中形式“多样”、内容“密集”、活动“频繁”、语言“优美”等过度做法，又如本文开头案例中特意“给听课教师看”“给听课教师听”的多余动作赤裸裸地暴露了执教教师的功利心——心中装着听课教师并且分量大于上课学生。此中，学生已经不再是公开教学的“中心”，而降格为“中介”，成为执教教师上好公开课的“工具”。在此情形下，学生也可能不是公开教学的受益者，相反成为公开教学的受害者。

多年来的各类公开课已在教师心目中近乎形成一种思维定势，即一堂优质的公开课必须是“完美”的。为了这个“完美”，公开课就不惜耗费大量人力、物力、财力，越来越偏重于脱离常态的巧心布置、精心打磨，久而久之便成了各种“模式”的雕镂和翻版，甚至用尽了演戏的道具和技术。还有一种更可怕的演戏是，“公开”的背后藏着“不公开”的秘密：精心准备、严密组织、反复操练，从讲授内容到教学环节、听课学生、问题回答等一切都事先设好“圈套”，只等着届时上台表演。表面看来，如此组织的公开课多是万无一失、十分顺利，也常能引起评课者言不由衷的赞赏，然而，这样的公开课究竟意义何在？是否真的没有缺失了呢？在《解放日报》看到这样一则报道——

记者在一些中小学听课时发现，有些公开课过于追求“新、奇、特”，有的老师还提前和学生打招呼“配合互动”，公开课成了“表演课”。一节语文课上，教学内容是《董存瑞舍身炸碉堡》。为了营造逼真氛围，老师在教室里安装了一个小型装置，讲到“英雄托起炸药包”时，他脚底一踩，教室里响起了爆炸声，现场烟雾缭绕……

上课不是看戏，讲解董存瑞舍身炸碉堡，也不需要如此表演技术，找一段电影资料即可。可问题是，聪明的老师们，为何却要在这方面下功夫呢？至少有一条，在他们的意识中，这样做，是教学形式的创新，是营造热烈的课堂气氛，出奇制胜才能夺人耳目，当然这里的“人”首先考虑的是听课的教师，然后才可能是听课的学生。

学生的学习有“应试”一说，由此看来，教师的教学亦有“应试”一说，也就是教师的许多公开课是为了教育部门的考核或评先。为了能够得到一个好成绩，教师不得不考虑评委喜欢怎样的课，哪怕有自己的想法，也不敢坚持，于是教师的公开课常常是那些名师、名课的“模仿秀”，缺乏自己的思想、缺乏自己的个性，多的是别人的影子，少的是自己的样子。

顺此往深处想，表面上公开课为听课教师而教，说到底公开课是为上课教师而教。因为上课教师知道，公开课是一块跳板，可以“跳龙门”。跳过去，教师就可能变成了名师。于是，各级各类的公开课比赛及展示活动，就成了众多教师竞相追逐的热门。有些教师甚至为此放弃所有平时的日常工作，没有心思打理学生的日常小事，全心研究公开课技术；有些教师不惜巨资、使劲动用各种关系，力求自己能够成为公开课表演的主角。而学校方面也是不遗余力、倾力支持，因为这是打造名师、扩大宣传、广招生源的一条捷径。

而教师一旦跳入名师之门，就可能换来一个好“钱”途。有一所学校全力打造一位教师，从市里到了省里，最后到了北京，一路过关斩将，拿了个全国一等奖，结果人家留在北京不回来了，让学校领导望眼欲穿。结果吓得现在一些经济欠发达地区的教育部门不敢轻易评选名师，就怕教师有名之后纷纷飞走。富有讽刺意义的是，许多名师的学生对自己的老师未必望眼欲穿，因为这些名师常常走穴在外，学生一学期无缘见上几面，他们的课常常是隔三断四地由别人代课。与许多家长趋之若鹜不同的是，有这样一些家长明白教育的底细，坚持不把自己的孩子放在这些“公务繁忙”的名师的班级里，这无疑是聪明的家长。

遗憾的是，并不是所有的教师都有资格登上公开课的舞台，特别是那种代表学校形象的展示课和代表地方利益的评比课。评比性质的公开课尤其重视“形象工程”，就像是选秀，不仅需要教师头脑活络，而且需要教师性格活泼。为了能够让听课教师和评课领导看得舒服，选出的多是长得靓丽的教师；为了能够让听课教师和评课领导听得舒服，选出的多是说得优美的教师，如此百里挑一，选出的无疑是教育界的“超女”和“快男”。在一次教学观摩会上，一位外地来上公开课的女教师的容貌装扮吸引了许多听课教师，会场内外，课上课后，处处都有听课教师打听她的姓名和年龄。自由评课时，很多听课教师争先恐后上台，众口一词地称赞她是“美女教师”，把评课变成了评人，人长得漂亮，似乎课也就上得漂亮了。

这样注重“形象工程”的公开课势必让许多上公开课的教师

也非常注重自己的“形象工程”，左手学模特儿的“情调”，右手学主持人的“调情”，以求能够让自己的教学由此变得含“情”脉脉，打动听课教师的心。有一位教师特别喜爱上公开课，喜欢出风头，“像只花蝴蝶一样到处秀课”。他们称“花蝴蝶”，是因为那位教师每每在公开课上展示高档新装，每次“公开”，总是打扮得过分，一身名牌，重彩浓妆，还关照舞台：场上转暗时，要把一束灯光打在她的脸上。这位教师真把上课当成了演戏，把上课当成了儿戏，或许是公开课的“公开”惹的祸。

这种让人好看又被人看好的公开课确实很容易让上课教师过瘾继而上瘾。记得有一次教育局来我学校进行教育质量调研，我连续两天被教育局领导选中听课，课后的好评如潮让我心满意足。学校通知第三天领导继续来听我的课，结果没来，让我很是失望，情急之下我硬是拉来了自己学校的教导主任来听课，当时脑子里想的是自己精心准备的课没人来听不就可惜了。现在回想，当时的想法多么可笑，学生才是长久听我课的人哪。现在虽然许多教师已经知道评出的丰碑顶不过学生的口碑，但依然留恋那份虚名，难以脱俗。

那么，“公开课为听课教师而公开”是否只是一些执教教师的“一厢情愿”呢？其实，这种错误认识还可以在一些听课教师中找到“出处”，他们往往根据自己是否能听懂、是否喜欢听而对课进行一番技术鉴定——

【镜头3】在一节数学公开课上，执教教师让学生小组合作做游戏：“小朋友，下面我们就来玩小动物找家的游戏。开始——”……课后评课时，听课教师认为执教教师对学生如何开展游戏活动没有提出明确的要求，让听课教师看不明白。而执教教师自述自己的教学行为是基于本班教学，此类活动已非首次开展，所以没有必要为听课教师而复述“陈词滥调”。

【镜头4】在一节音乐公开课上，听课教师除了陶醉于优美的旋律之外，还为执教教师优美的语言而叫好。评课时，大多数听课教师认为执教教师素质比较好，他们听得比较舒心满意。最后只有一位听课教师与众不同：执教教师虽然让一些学生充分发表了意见，但她并没有借机引用或总结或提取这些学生的发言，而是仍然沿用自己原来已经准备好的优美“台词”……

公开课，究竟为谁而教？当你找到问题的答案后，你也就明白一些执教教师为什么只喜欢上公开课而不喜欢上平常课，你也就明白一些听课教师为什么只喜欢听公开课而不喜欢听平常课。这是教育的“奇形”与“怪状”。

公开课，应该少一些舞台上表演性的公开课，多一些教室里随堂性的公开课。如果把学生看作公开的对象，那么在此意义上，任何一节课都将是公开课。我们需要那种对学生公正、公平的公开课，也就是在任何时间、任何地点都能上好的公开课，而不是那种昙花一现的“应景”的为听课教师上的公开课。这样的公开课，应该让学生“笑”到最后！也应该为学生“笑”到最后！曾经在《教育参考》上看到一篇题为《公开课“公开”了什么》的文章中的一段文字——

你如果想看我怎样上课，可以先到我班上坐坐，和我的学生聊聊（对不起，在他们愿意的时候，同时注意别妨碍他的学习和思维），顺便坐下听我上一节课，可以；如果兴师动众，把我的班弄进会堂，甚至弄上舞台，几台摄像机对准他们，场上照相机频频闪光，让我表演上课，我觉得你们是在砸我的饭碗。我是教师，我的学生也不

是演员，你们能不能让我们平静一些，让我的学生能正常地读书学习？当然，如果实在有这样的必要，你应当非常非常的谨慎，同时明白，这是让一位教师和他的学生在做牺牲。

……

“公开课”这种形式对一位教师的成长究竟有多大的好处？我对此一直困惑，我经常看不出一节课有什么特别的示范价值。教师如果勤于学习，他获得发展的途径很多，我的一些青年同事，没有听过我几节课，更多的只是参与平时的交流，琢磨专业刊物上的某个课例，留心同行说的一个教训，等等，他们不但把课上得很好，而且还有许多创造。20多年前，山西一位中年教师来学校进修，听了我两个学期的课。临走时，我对他说，我比你年轻，你没有必要听我这么多的课。他说：“说真话，听课还不如跟你聊天呢！你白天聊的好多事，我晚上全记在笔记本上了，很有用。”

我经常向前辈了解旧时代的国文教学，那时非但没有什么“公开课”“示范课”，也没有什么“集体备课”，更没有什么“统一教案”，全凭教师自己去钻研；很多教师都有自己的看家本领、拿手好戏，至于教案讲稿，那是个人财富，靠这个吃饭的，不公开，校长也别想检查。课上得不好，学生不满意，学校就会让他卷铺盖滚蛋。多简单！每每听到前辈说从前学校的国文教学，都很神往。

不但在旧时代，现今国外好像也没有所谓的“公开课”。如果有必要，要得到授课教师的允许，听上一节课也无妨。如果被拒绝，多半还是因为教师不愿意参观者妨碍学生的学习。而我们这里，到处听课早已成惯例。只有教育落后的国度，才会违背常识，设置那么多教育之外的、对学生没有意义的东西，并形成种种陋俗。

由上文咄咄逼人的对公开课的讨伐，我又想到另一位教师写过的一篇题为《变味的公开课》的文章，文章结尾处写道：“笔者斗胆放言，当若干年后，中国教育臻于完善成熟之时，也是公开课的地位大大减弱，甚至消失之时。”这段文字似乎可以补充在上文的最后。或许这仅仅是狂言，也或许这仅仅是片言，但如果那种表演性质的公开课越来越疯狂，总不是教育的好事、学生的福音。

这里，
我们可以得到这样一条
“醒‘师’恒言”：

公开课，公开的不是教师的风采，而是学生的风采。公开应该研究“有这样的学生，要怎样的教师？”这一问题。

15. 常态课，该是怎样一种课？

在某教研网上看到一则关于某区教研室组织小学数学学科会课的新闻，其中有这样一段文字——

> 本次会课除教学内容统一之外，课件也要求统一使用 ×× 版小学 ×× 教材编辑部制作的教学配套光盘，这是本届会课活动与往届会课最大的区别，它真正体现了比赛课、观摩课向家常课回归的指导理念，为引领全区小学课堂教学发挥了很好的导向作用。

上述新闻，首先让我想到的是“比赛课、观摩课为什么要向家常课回归？”这一问题。其中，“家常课”就是我们常说的常态课。

在漫长的教育生涯中，蓦然回首，发现“显山露水”的，看到的大多是那么一批崭露头角的骨干教师，听到的大多是一串异彩纷呈的公开教学，不由让人想起“冰山”下面大量的普通学校的普通教师的普通教学的普通学生，他们会是怎样的生存状态？换一个角度思考，我们搞了这么多年的新课程教学改革，教学质量是否得到真正的提高，直接反映在师生素质属于“水涨船高”式的整体性提高还是属于“一枝独秀”般的拔尖式提高。然而，要检测这条“水平线”上升的指标，无疑决定于广大默默无闻的普通教师群体这条“地平线”的教学水准。

只有普通教师的素质得到普遍提高，骨干教师的“出类拔萃”才有群众基础和现实意义，他们的鲜艳与普通教师的衬托才能构成“锦上添花”的壮丽。所以，我认为，骨干教师应植根“群众”并影响“群众”，例如我们的会课就不应该采用封闭式——关起门来备课、关起门来上课、关起门来评课，而应该采用开放式：上课前，允许让“群众”一起出谋划策，资源共享；上课时，允许“群众”参与听课，甚至参与评选；上课后，允许“群众”进行评议研讨、总结经验。我想，通过会课活动“比”出一群人远比“比”出一个人要有意义得多，这或许才是会课的真正价值。

会课活动如此的竞争机制，迫使骨干教师常常孤军作战，然而一旦“胜利”，领导的欣赏不断地加强了这些骨干教师自我分享的荣耀，为我独大，滋生的骄傲情绪很容易使他们越来越脱离群众、远离常态。而骨干教师的光辉反衬了这些普通教师日渐失落的寂寞，使他们越来越远离先进、脱离研讨。于是乎，我们不难看到这样的情形：骨干教师“忙”了，有时忙得于日常教学也顾不上；普通教师“闲”了，有时闲得对公开教学也懒得听。

课改进入一定阶段，必然会由“感性”趋向“理性”。无锡市锡山区教育局出台了一份《关于深入推进中小学课堂教学改革的意见》，其中提出了四个“落实”——把课程改革理念落实到每一门学科、落实到每一次课堂、落实到每一个环节、落实到每一个学生，将目光重点关注常态课，并且提出“通过不定期、不通知、高频率、全覆盖、全评价的常态调研，抓好常态教学”。随着全体局长亲率全体教研员“突袭”了几所学校，听了普通教师的普通的课，还听了骨干教师的普通的课，普通教师开始紧张——因为他们意识到自己以后将不再“普通”，骨干教师同样紧张——因为他们意识到自己以后须不辱“骨干”。

至此，我们已经明白了常态下关注教师的常态课对常态教育的重要性。接下来，我们需要弄明白的是，“不自制课件，使用统一光盘难道就是常态课中的一种‘常态’？”

有人这样解释常态课：常态课应是在有限的备课时间内，用有限的资源准备的课；应是在有限的课堂空间内，真正依据学生的学习状态决定教学进度的课。又有人反过来解释常态课：常态课是相对于时下不少刻意准备的、花了超出平时几倍、十几倍甚至几十倍时间精心包装的、有多人帮助、合作、经过反复锤炼、多次预演的精品课而言的。

自制课件需要花费时间，需要刻意准备，似乎从这一点上看，自制课件不应该是常态课所提倡的。而使用统一光盘既省时又省力还省心，似乎正中常态课的下怀。然而，上述对常态课的定义是基于公开课的弊端而言的，可能有失偏颇或者矫枉过正。要弄明白这一问题，先要弄明白常态课该是怎样一种课。

首先，常态课可以理解成“日常的课”

因为是每天要上的课，教师相对更熟悉自己学生的学习状况，更容易选择适合自己学生的教学方案。对前一节课做了什么、少了什么，后一节课要做什么、要补什么，基本能做到心知肚明，教学更具有针对性和可行性。

在课堂容量上，常态课不会像公开课那样搞内容的大融汇、方法的大集成，把众多内容一股脑儿地塞进一节课之中，把众多形式一股脑儿地配进一节课之中，把学生上得眼花缭乱甚至头昏眼花。常态下的教师清醒地知道，一个学期的教材都安排有一定的机动课时，今天的吃不了或吃不下的知识可以明天吃甚至后天吃，不必像公开课那样急着赶时间、急着凑热闹、急着要效果。常态下，知识的发生、发展都有一定的自然规律，教师应该给予知识足够的发酵时间，给学生慢慢品味知识的正常时间。

常态课不追求课堂的完美性，只需要保持本色，以“教有所获、生有所得”为宗旨；常态课不追求课堂的完整性，根据学生的认知能力与实际发展水平，灵活安排教学进度与教学时间。常态课更加关注学生成长的过程，它更加具有可行性，它是建立在教师充分把握教材和学生的基础上的。如果发现专门配备的统一光盘不适合自己的课堂或者不适合自己的学生，此时就完全有必要、有理由自制适合自己并且适合自己学生的课件，此时就不能以耗时耗财作为借口，更不能以自制课件就不是常态课作为罪名。

这样的常态课必定是扎实的。新课程背景下的常态课要以学生的发展为本，尊重学生，关注学生，真正为学生着想，在尊重学生、关注学生的基础上，采取恰当的教学方式，淡化教育痕迹，达到“轻负担，高效率”。

其次，常态课可以理解成“正常的课”

许多公开课只为公开（包装）自己、而非公开研究，这样的公开课已经发生了变异，已经属于“不正常的课”。现在，许多地方的会课比赛已经从过去的提前一天关门备课改成提前开放备课，短则提前一周，多则提前几个月甚至一年。参赛者有充分的时间“千锤百炼”。而经“千锤百炼”的课，往往因精致、完美和具有“理想模式化”特点而受评委青睐，被视为“高水平”。于是，指导者及参赛者为推出“高水平”的课，倾力“做课”“演课”。从选人、选课、教学设计、写教案、试上课、研究修改到做课件，大到教学环节，小到举手投足，都要精心策划，反复演练。我们还不难发现，公开课常常只上那么几节“好上”的课，对一些难以出彩的教材内容和课堂类型常常避而远之，这也是一种不正常现象。

在公开课中，许多教师都非常重视课件制作，因为精美绝伦的课件可以让自己的课增光添彩。于是，原本用常规手段或统一光盘就能达到教学目的的教学内容，会课教师就是不肯委屈自己，非要使用这种高代价的课件。对这种需要花费大量精力、大量人力和大量财力的课件制作，常常让听课教师感到望“洋”（洋气的课件）兴叹。然而，这样的局面并不代表自制课件就是公开课的常态，由此推断出“不自制课件就是常态课标志”这一命题成立。

教育呼唤常态的课堂，教育呼唤真实的课堂。把公开课回归到真实的正常教学上来，让大家觉得可看、可学、可用，体现公开课的教学价值，体现“常态中精品课”的特点。课件也是如此，要能够根据正常情况、正常需要来正常制作、正常使用。

这样的“常态课”必定是真实的。一位著名的特级教师曾说过“宁要真实的缺憾，不求虚假的完美”。我们的课堂，不仅仅是孩子们学习知识的地方，更是孩子们认识世界、体验生活、享受成长的地方。我们要给孩子们一个真实的课堂，这样的课堂有学生的真正参与，是动态生成的课堂，是学生确有所获的课堂。这样的课堂有师生间的真情互动，有体验的愉悦，有沟通的快乐。

再次，常态课可以理解成“平常的课”

这里的“平常”仅仅是与一些过分追求“五彩缤纷”甚至是“光怪陆离”的观赏性、非常态的“公开课”相比较而言的，常态课无须过分“装饰”与大肆“张扬”。平常的课所追求的“生动”效果应该在如何“让学生动起来”，让每一个学生都能够“好学”和“学好”，是平常课的力点，而不必思考如何献媚听课教师。

而平常的公开课应该更多的是一种研究课，它追求的是如何使学生学习效益最大化，通过公开课，同样使执教教师和听课教师受益的是借鉴或思考“要让学生学习效果最大化，自己该怎么做”。基于这样的认识，公开课与平常课本是“同根生”，如果教师真正以生为本。平常课应该是一种不公开的公开课，公开课应该是一种不平常的平常课。

有一回，听一位市级骨干教师的常态课，她在区域内小有名气，经常上公开课，可这节常态课上得也太平常了，她的表现判若两人，讲的完全是老教材里的内容。课后交流时她直言不讳：“公开课是为了拿奖，常态课是为了拿分。按照老教材授课保险系数大。”

这是许多教师典型的“内外有别”：平常课上得随随便便，公开课上得轰轰烈烈。我认为，平常课的平常不是平淡甚至平庸，而应该是平稳和平实，不是山的沉重，而是山的沉稳，不是水的炫动，而是水的灵动。所以，平常课绝不是一支粉笔、一本教材状态下随随便便、随心所欲的课，例如需要自制课件就应该自制课件，而不应该就此将就。平常课同样需要教师像公开课那样充分利用各种有利资源，融入教者的智慧，在课堂上显出教者的创造性、丰富性、灵动性。平常课与公开课的唯一区别应该是少一些华而不实的排场，例如课件的制作或选择应该讲究实用和适用，而不需要非得给它穿上一件漂亮的外衣，中看不中用。

这样的“常态课”必定是朴实的。新课程背景下的常态教学，就是要从课改的精神实质出发，摒弃一切形式主义的东西，没有花拳绣腿，没有矫揉造作，有的只是自然状态下的真实呈现，接近原生状态，具有质朴的原力，不会因过滥、过繁、过度的雕琢和渲染而喧宾夺主、本末倒置；常态教学不是生搬硬套名人、名师的教学成果，而是一切从实际出发，因地制宜，结合本地区、本校教育资源条件、生源情况，教学更趋于实际，注重实效。

最后，常态课可以理解成“通常的课”

因为常态课是“经常要上的课”，所以上课教师应该注意知识的连贯性，也应该注意教法的连贯性，还应该注意培养的连贯性，例如今天的课使用了尝试教学法，明天的课依然应该坚持尝试教学法，不应该一课一个花样，让学生无所适从。也就是说，通常情况下教师的教学方法和教学风格应该通“常”，相对保持稳定，有利于学生掌握一定的学习方法和培养良好的学习习惯。由此可见，能持续发展应该是常态课的一大特点。

惯常的课很容易让师生习以为常，其有利方面，使教师在自己的课堂长期进行教学研究，可以逐步形成教学风格，学生感觉自己的教师“有一套”，对教师的言行心领神会；其不利方面，因教师在自己的课堂长期使用教学模式，可能逐渐造成教学定势，学生感觉自己的教师“老一套”，对教师的言行无动于衷。水无常势，人无常态。所以，“通常”的另一种含义就是不通“常”，能够“常通”——经常变通。常态课应让它根据教学内容的不同而善于“变态”，教师力争常教常新，既保持风格又不失风情，这样学生学习才有风趣。

在教学实践中，不少教师往往可以形成多种教学风格，而并非只有一种。作家王朔说过这么一句话：“你必须内心丰富，才能摆脱这些生活表面的相似。”多项研究表明，同时具有多种教学风格并能加以灵活运用的教师思想情感比较丰富，教学效果比教学风格单一、缺乏灵活性的教师教学效果明显要好。一名高效能教师既能做到寻“常”，具有相对复杂、有创造性、效率更高的教学风格，还能够做到不寻“常”，具有灵活、多样的教学风格，他们可以根据不同教学情境采用不同的风格，让学生既感到教学的“寻常”，又感到教学的“不寻常”，这样的学习就不会厌倦。

在实际教学中，多样灵活的教学风格还将有助于教师包容学生不同的学习风格，以便使每一类学生都有机会能够按照自己的学习风格来学习，发挥自己的长处，让不同学习风格的学生都有所收益。

由此可见，“日常、正常、平常、通常”状态下的常态课的要求一点也低于公开课，甚至比那种华而不实的公开课要求更高。我们只有让公开课与平常课之间“你来我往”，都成为教学的“常态课”后，也就不存在公开课与平常课之间的“你死我活”了。这正如锡山区教育局副局长孟晓东所说的那样：“下一阶段我区深入推进基础教育课程改革的方向是——把典型变成普通、把重点变成整体、把局部变成体系……”。

至此，我的最终认识是，常态课与公开课之间不存在内外之别、高低之分，更不存在好坏之性。公开课应该是一种常态下的公开课，常态课应该是一种可公开的常态课。南京师范大学附属中学教师保志明于2011年起在新浪网站开设“保志明教学博客”，将每节常态课的教学视频及教学反思等无条件公开分享，受到同行的广泛欢迎，她在博客公告栏中写了这样一句话：“真实，只有真实；常态，就是常态。”这，应该成为所有课的标准。

经过上述讨论，我们已不难明白：是否自制课件并不是公开课与常态课的分界线，常态课同样需要课件自制，只要它有助于教学，否则开发教学资源就会成为一句空话。如果从根本上讲，公开课与常态课不应该存在分界线，在这样的语境下，“不自制课件是常态课的一种‘常态’”也就成为一句空话。

这里，
我们可以得到这样一条
“醒‘师’恒言”：

公开课不是也不应该是常态课的高级形式。把公开课“洗一洗”，把常态课“炼一炼”，就能让它们扬长避短成为“一种课”。